EDITION Johannes Kuhn

Waltraud Boelte

Halte deine Tür offen

Quell

EDITION JOHANNES KUHN BAND 7

ISBN 3-7918-1806-6

Quellennachweis S. 31 f. aus: Ecumenical Decade 1988–1989,
Churches in Solidarity with Women.
Eine Publikation des ÖRK in Genf, 1988.

1. Auflage 1991
Umschlaggestaltung: Klaus Dempel
Umschlagfoto: Peter Santor
Satz und Druck: Ebner Ulm

INHALT

KINDERWÜNSCHE

Wenn Kinder ein Haus malen, dann hat es ein spitzes Dach, einen Schornstein, der raucht, Fenster und eine große Tür mit einer Klinke. Selbst wenn sie in Hochhäusern, in Mehrfamilienhäusern, in Etagenwohnungen zu Hause sind, das Haus ist in ihrer Vorstellung das Geborgensein unter einem Dach, die warme Gemütlichkeit, durch die Fenster muß man hinein- und hinaussehen können, und die Tür ist zum Öffnen da.

Der größte Kinderwunsch abends beim Schlafengehen heißt: Laß meine Tür noch ein bißchen offen! Es ist wohl das Gefühl, durch diesen Spalt noch dabeizusein, die vertrauten Stimmen zu hören, die Nähe der Eltern zu spüren, keine Angst vor dem Alleinsein haben zu müssen. Die Dunkelheit wird durch den kleinen Lichteinfall erträglich, und im Notfall hören die Eltern das Rufen.

Bleibt dieser Wunsch nach der offenen Tür nicht ein Leben lang wichtig? Natürlich macht jeder auch gern einmal die Tür hinter sich zu, um abzuschalten, zur Ruhe zu kommen und über sich nachdenken zu können. Wer in Familien mit mehreren Geschwistern aufgewachsen ist, erinnert sich an die Sehnsucht, endlich ein eigenes Zimmer zu haben, die Tür abzuschließen, Geheimnisse für sich behalten zu können und den ersten Liebesbrief, ohne beobachtet zu werden, zum zehnten Mal laut und mit entzückten Kommentaren zu lesen. Selbst um meine Lieblingsmusik zu hören, wollte ich am liebsten allein sein. Ich schlich mich, wenn alle schlafengegangen waren, auf leisen Sohlen ins Wohnzimmer, machte die Tür behutsam hinter mir zu und öffnete den Schallplattenschrank zur kleinen Nachtmusik. Als ich viel später ein Buch mit dem Titel »Von der Kraft der sieben Einsamkeiten« las, war ich nicht überrascht. Bis heute brauche ich das Alleinsein für mich als Refugium, zum Kraft schöpfen. Meine Familie respektiert es, wenn ich die Tür manchmal hinter mir zumache, weil wir ein »offenes« Haus haben.

Die Tür ist mehr als eine banale bauliche Notwendigkeit, sie ist ein Symbol für Aufgeschlossenheit, Anteilnahme und die Fähigkeit, sich gegenüber anderen zu öffnen und Gemeinschaft zu pflegen.

Raissa, die Frau des russischen Schriftstellers Lew Kopelew, gab dem Buch, das sie über ihre Erfahrungen der ersten Jahre in Deutschland schrieb, den Titel »Die Türen öffnen sich langsam«. Sie empfand die Sprechanlagen an unseren Türen, durch die eine technische Stimme »Ja, bitte?« oder »Hallo, wer ist da?« fragt, ehe sich die Tür öffnet, als etwas Abweisendes und Fremdes. Kleine Fenster als »Spione« in den Wohnungstüren, doppelte Sicherung durch Schloß und Kette, damit wollen wir uns vor ungebetenen Eindringlingen an unseren Haustüren schützen. Auch wenn jemand als Freund oder geladener Gast kommt, muß er sich dieser Kontrolle unterziehen. Die Kriminalpolizei rät dazu. Leider überträgt sich diese Vorsichtsmaßnahme auch auf die innere Einstellung, wir lassen keinen zu dicht an uns heran. Ein Mensch, in dessen Heimat Gastfreundschaft ganz hochgehalten wird, empfindet bei uns Kälte und Mißtrauen in den menschlichen Beziehungen. Raissa Kopelewa beschrieb auch, daß sie und ihr Mann später hinter den langsam aufgehenden Türen viel Wohlwollen und Freunde gefunden haben. Das Zögern beim Öffnen, dieses Draußen-vor-der-Tür-Sein entmutigt manchen, es wird als Vorurteil und Überheblichkeit gedeutet.

Sorgen wir also dafür, daß die Tür unserer inneren Einstellung wie ein bunter Perlenschnurvorhang vor den Eingängen südlicher Häuser ist, mit denen der Sommerwind spielen kann, durch die immer jemand eintreten kann.

In Schleswig-Holstein ist die Tür ein beliebtes Motiv auf Ansichtskarten, ja es gibt sogar ein Poster, auf dem etwa zwanzig verschiedene Haustüren abgebildet sind. Alte Türen, aus Holz geschnitzt mit kunstvollen Verzierungen, grün, blau, gelb angestrichen mit weißen Kanten. Umrankt mit üppigen Rosensträuchern oder einem Obstspalier. Jede Tür ist unverwechselbar anders, wie ein Porträt, als wolle der Hausbesitzer sich schon mit seiner Tür vorstellen: verträumt oder verspielt der Buchhändler, ordentlich und respektvoll die Apothekerin, südländisch barock der Wein- und Sherry-Importeur, gediegen und breit der Gutsbesitzer. Das Türenposter wird oft und gern von den Feriengästen mit nach Hause genommen, als Andenken an die erlebte Gastfreundschaft, zur Erinnerung an Menschen, die diese Türen öffneten und Zeit hatten für ein Gespräch, für eine Einladung zum Tee, für einen gemütlichen Abend, an dem man sich besser kennenlernte.

VORBILDER IN DER FAMILIE

Was sind Werte in der christlichen Familie, die es sich lohnt weiterzugeben? Zum einen gibt es Werte, die die Familie in sich birgt, ohne daß sie ausgesprochen oder erklärt werden müssen, und zum anderen gibt es Werte, über die man sprechen muß, die man weitergeben möchte.

Die erstgenannten sind wie Urbilder und unverwechselbar: Mutter, Vater, Kind. Die zuletztgenannten sind in der Gemeinschaft immer wieder neu zu ergründen und in einem Erfahrungsprozeß zu prüfen, ob sie noch stimmen. Gemeint sind Sitte und Moral. Sitte ist, wenn man nach der Grundbedeutung des Wortes fragt, der Aufenthaltsort, der Sitz, die Heimstatt, wo sich der Mensch geborgen fühlt. Je größer die Freiheit ist, in der Menschen leben, um so mehr muß einsichtig gemacht werden, was Erfahrungen und Vorgaben der Tradition für gut und richtig, dem Menschen nützlich, gehalten haben und was davon noch stimmt. Familie ist also der Einübungsort der Sitte. Im christlichen Leben sind diese Werte: sich angenommen fühlen, vertrauen können, Lob und Tadel erhalten, Fehler einsehen, Verzeihung erfahren, trösten und wiedergutmachen, gemeinsam um die Wahrheit ringen, einander nicht belügen und miteinander teilen.

Das sind Grundbedingungen für das Zusammenleben von Ehepaaren, und wenn ein Kind am Beispiel der Eltern oder der Großeltern erfahren kann, was glücklich macht, ist es ein Fundament für das ganze Leben. In einer glücklichen Familie erfahren Kinder Geborgenheit als Voraussetzung von Offenheit. Sie beobachten von klein auf sehr genau, wissen, ohne daß man etwas vortäuschen kann, wie Vater und Mutter zueinander stehen, wie sie Konflikte austragen, wie sie um Verständnis bemüht sind, wie sie ihre Zärtlichkeit zeigen.

Im Heranwachsen begreifen sie dann, daß diese Lebensgemeinschaft – die eheliche Verbindung – etwas mit Gott zu tun hat, ein Bund, der herausfordert jeden Tag, daran zu bauen, daß es glückt. Ehe ist nicht das einmal besiegelte Glück, sondern ein zu verwirklichendes bis ins hohe Alter. Und zu diesem Glück gehört Treue, Treue zu sich und Treue zum anderen.

Früher fand ich in dem Gedicht von Conrad Ferdinand Meyer das Symbol für eine glückliche Ehe. Dort heißt es:

Zwei Segel

Zwei Segel erhellend
Die tiefblaue Bucht!
Zwei Segel sich schwellend
Zu ruhiger Flucht!

Wie eins in den Winden
Sich wölbt und bewegt,
Wird auch das Empfinden
Des andern erregt.

Begehrt eins zu hasten,
Das andere geht schnell,
Verlangt eins zu rasten,
Ruht auch sein Gesell.

Das harmonische Aufeinandereingehen der zwei Segel, das Sich-Orientieren am anderen, so daß es ein Ganzes wird, dies schien mir das Bild der Liebe zwischen Mann und Frau zu sein. Inzwischen sind mir Ehepaare begegnet, die ihr Glück ganz anders verwirklichen, nämlich jeder in seiner Person, eigenständig und selbstbewußt, den anderen durch sein Anderssein ergänzend und durch eigene Initiativen bereichernd.

Gemeinsames Arbeiten schafft eine verbindende, vertraute Atmosphäre. Man kann manches eher aussprechen, als wenn man sich gegenübersitzt und Tee trinkt. Beim Spülen und Abtrocknen in der Küche zum Beispiel können sich die intensivsten Gespräche entwickeln, wie es wohl früher auch beim Spinnen und Spinnradtreten an langen Winterabenden üblich war. Durch das gemeinsame Tun finden die Worte einen Spielraum.

Mir ging es so, wenn ich mit meiner Großmutter zusammen war und ihr half. Eigentlich redete sie sehr wenig, dafür konnte sie aber um so besser zuhören. Dabei lächelte sie still vor sich hin. Ich erinnere mich, daß wir in ihrem Garten Johannisbeeren pflückten und der breite Busch uns trennte. Unsere Hände hoben immer wieder die Zweige hoch, damit die roten Trauben zu sehen waren, wir knickten sie ab und bückten uns zu den Körben. Es war wie ein Versteckspiel zwischen uns beiden.

Ich war vielleicht vierzehn Jahre alt und neugierig auf alles, worüber man mit Kindern eigentlich nicht sprach. Also fragte ich durch die grünen Blätter: »Sag mal, Oma, wie war das damals, als du jung warst, woran hast du gemerkt, daß du ausgerechnet den Opa liebst?«

Ich hatte meine Beobachtungen gemacht und war der Meinung, meine Großmutter hätte einen viel zärtlicheren, sanfteren Mann verdient als den Großvater. Einen, der ihr höflich die Tür aufhielt, wenn sie mit dem Gemüsekorb beladen ankam, und ihr den Stuhl zurechtrückte, wenn sie sich nach langen Vorbereitungen endlich an den Tisch setzen konnte. Am Mittagstisch war mein Groll gegen den Großvater erwacht, als er meuternd wieder aufstand und aus dem Zimmer ging, weil er es als Zumutung empfand, daß die Suppe zu heiß auf den Teller gefüllt worden war.

Meine Großmutter kochte die besten Suppen weit und breit, Bouillon glänzend braun mit butterweichem Rosenkohl darin. Ich pustete jeden Löffel ein bißchen über, denn Suppe mußte nun mal heiß sein, und stillte schnell meinen großen Hunger. Ruhig trug die Großmutter seinen Teller auf den Herdrand und setzte sich wieder zu mir. Großvater kam erst wieder von seinem Spaziergang, als wir schon fertig waren. Ich würdigte ihn keines Blickes.

»Kind, du stellst aber Fragen!« antwortete mir meine Großmutter jetzt im Garten hinter dem Johannisbeerbusch.

»Er gefiel mir einfach am besten von allen. Er konnte gut erzählen, er hatte etwas Ordentliches gelernt. Und wenn er jetzt manchmal so schlecht gelaunt ist, dann weiß ich, daß ihn sein Kropf ärgert oder etwas Dummes in der Zeitung gestanden hat. Es waren nicht immer rosige Zeiten für uns, aber wir haben auch schlechte Jahre gut miteinander verbracht. Damals gab es noch keine Kantinen, da habe ich ihm warmes Essen gebracht, drei Kilometer hin und wieder zurück. Wenn er vom Nachtdienst nach Hause kam, habe ich seine Schritte schon gehört, wenn er am Friedhof vorbeikam – (der war 300 Meter vom Haus entfernt). Dann habe ich das große Licht vor der Tür angemacht und die Tür weit geöffnet, daß er sah, ich habe auf ihn gewartet.«

Den Schritt durch die Nacht erkennen und auf jemanden warten können, das scheint mir auch heute noch ein wichtiges Merkmal von Liebe zwischen Ehepartnern zu sein.

OFFEN FÜR WAHLVERWANDTSCHAFTEN

Mit einer Gruppe von Frauen stand ich an einem Morgen in der Stuttgarter Staatsgalerie vor dem Bild der Heinrike Dannecker. Lächelnd ist ihr Gesicht dem Betrachter zugewandt. Sie sitzt ungezwungen ohne Pose, den Ellbogen hat sie aufs Knie gestützt, die Hand unters Kinn gelegt. So sah sie der Maler Julius Schick, so sah sie der Freund und Schüler ihres Mannes Johann Heinrich Dannecker. Gerade weil er sie so natürlich, in rotem Leibchen und weißem Rock gemalt hat, ohne sie für das öffentliche Porträt in Rokokomode auszustaffieren, wurden wir neugierig und wollten mehr über sie erfahren. Von ihr geht eine Ausstrahlung aus, die ihre Zeitgenossen auch bemerkt haben müssen. Hatte sie eine Familie, wer waren ihre Freunde, wie alt ist sie geworden? Wir schauten uns im Ausstellungsraum neben ihr die anderen Bilder an. Zeitgenossen waren Herzog Carl Eugen von Württemberg, Wilhelmine Cotta, die Frau des berühmten Verlegers, Friedrich Schiller. Seine Marmorbüste hatte Heinrikes Mann gemeißelt. Allmählich zog uns das Porträt immer mehr in Bann, in unserer Vorstellung konnte diese Dame, gemalt im Jahre 1802, vielleicht in Schillers Dramen als eine der Frauengestalten auftauchen. Wir sahen sie auf Stuttgarter Wegen rund um den Schloßplatz spazieren, sie war bekannt, wurde bewundert und geliebt.

Ob Frau oder Mann, wir leben nicht losgelöst von unserer Umgebung oder Zeit, wir sind nicht ohne unsere Familie und unsere Freunde zu verstehen. Die Gemeinschaft mit anderen hat uns geprägt, wir reagieren auf unser Umfeld, Mitmenschen reagieren auf uns. Entziehen wir uns der Gemeinschaft, werden wir ärmer und vergeben eine Chance, geachtet und geliebt zu werden.

Jeder einzelne ist ein einmaliges Geschöpf Gottes, und wenn wir glauben, daß wir nicht rein zufällig in diese Zeit, an diesen Ort, in diese Gesellschaft gestellt sind, daß unser Leben einen ganz bestimmten Sinn hat für die Gemeinschaft, dann nehmen wir den Augenblick ganz anders ernst.

Da gibt es die Familiengemeinschaft, in der wir eine Rolle spielen, bildlich dargestellt im Stammbaum mit seinen vielen Verzweigungen und Sprossen. Neulich entdeckte ich mit meiner Familie, daß die Namen der Vorfahren vor drei Generationen plötzlich wieder modern werden. Es gibt eine Sophie-Charlotte von 1882 und eine von 1989, da gibt es einen Johannes von 1881 und einen Johannes 1989. Was haben sie gemeinsam? Die Stammbaumzweige scheinen sich zuzuwinken, wir gehören in ein großes Gefüge. Unsere Begabungen, unsere Veranlagungen bekommen wir mit auf den Lebensweg, was wir daraus machen, lehrt uns das biblische Gleichnis von den Talenten.

Manche ziehen den Kreis viel zu klein. Familie kann anstrengend sein und zeitraubend, deshalb beschränkt man sich gern auf den »engsten Familienkreis«. Vielleicht klammern wir damit aber gerade die aus, die ein Fest mit ihrer Originalität und ihrem Charme bereichern würden und leben distanziert von denen, die uns geistig nahe stehen. So kann eine Cousine des Vaters mit ihrem Leben und Beispiel wichtiger sein, als mancher Verwandte ersten Grades, oder ein Angeheirateter fügt sich wunderbar in den Familienkreis ein. Ich schätze die Wahlverwandtschaften. Bei größeren Familienfesten »mischen« wir gerne Verwandte und Freunde, einmal weil uns die Freunde, mit denen wir teilweise schon seit dem Studium eng verbunden sind, sehr viel bedeuten, zum anderen aber auch, weil aus der Mischung von Freunden und Verwandten sich ganz neue

Kontakte ergeben. Die Unterhaltung ist fröhlich und munter, und manchmal werden beim Abschied Adressen ausgetauscht. Besonders die rüstigen Großmütter werden von allen bewundert und zu einem Besuch eingeladen.

Einzelne Verwandte sind meistens umgänglicher als Verwandte in großen Scharen, wobei man merkt, daß Familienbande nicht nur zärtlich sein können, sondern manchmal auch wie Handfesseln scheuern.

Vor ein paar Jahren lernte ich in der Gymnastikstunde eine junge Frau kennen, die noch nicht lange verheiratet war. Als ich ihr nach der letzten Turnstunde vor Weihnachten ein fröhliches Fest wünschte, erzählte sie mir traurig, daß es für sie das schlimmste Fest des Jahres sei: Sie möchte am liebsten in einen Tiefschlaf fallen und erst nach Weihnachten wieder aufwachen. Am Heiligen Abend sei sie mit ihrem Mann bei der Schwiegermutter eingeladen, am ersten Weihnachtstag komme ihre Mutter zu ihnen.

Die Zeremonie läuft für sie alle Jahre wieder gleich ab. Wenn das Paar an der Tür klingelt, wird eine Schallplatte aufgelegt, auf der ein Kinderchor Weihnachts- und Winterlieder singt. Jeder bekommt ein Glas Sekt in die Hand und sagt »Fröhliche Weihnachten«.

Aber was dann folgt, ist weder fröhlich, noch hat es etwas mit Weihnachten zu tun. Bei pikanten Häppchen mit Lachs und Gänseleberpastete kommen alle Ärgernisse ins Gespräch, die sich bei der Mutter über längere Zeit angestaut haben. Vorwürfe über Vorwürfe, und schließlich überreicht sie alljährlich einen Brief mit einem Scheck und dem Hinweis, damit solle die Schwiegertochter endlich anfangen, sich eine angemessene Aussteuer anzuschaffen. Früher hätte man gar nicht heiraten dürfen, wenn nicht im Schrank Tischdecken, Bettwäsche, Handtücher dutzendweise gewesen wären und ein vierundzwanzigteiliges Eßservice gehöre in jeden Haushalt. Und das Tafelsilber –, man könne doch nicht den Weihnachtsgänsebraten mit buntem Eßbesteck essen. Völlig resigniert verlassen dann die beiden jungen Leute um 23 Uhr die Wohnung, der Mann stumm, die junge Frau den Tränen nahe. Am nächsten Tag folgt die Fortsetzung in ihrer Wohnung. Keine Anerkennung für das üppige Weihnachtsessen, sondern der Stein des Anstoßes ist dann der Tannenbaum, der zu spielerisch geschmückt ist, wo es doch die alten Kugeln auch noch getan hätten. Die Klöße hätten im vorigen Jahr besser geschmeckt, und nach dem Gänsebraten hat die Mutter alljährlich Magenschmerzen, und es ist kein Magenbitter im Haus. So bringt ihr Mann die Mutter frühzeitig, bevor der köstliche Nachtisch serviert ist, mit dem Auto nach Hause.

Die Schilderung der jungen Frau erinnerte mich an einen Vortrag zum Thema »Alles hat seine Zeit«. An vielen treffenden Beispielen hatte der Redner aufgezeigt, wie schwer es sich die Menschen machen, wenn sie zur falschen Zeit das Falsche sagen und tun. Er nannte es das »trittsichere Fettnäpfchen«, wenn ein harmonisches Familienfest auf einmal überschattet wird, weil einer anfängt aufzuzählen, was ihm nicht gefällt und was sich andere haben zuschulden kommen lassen. Unter dem Motto »Was ich übrigens schon immer mal sagen wollte . . .« wird dann das Falsche zum falschen Zeitpunkt gesagt. Was nützt dann das Beschwichtigen oder Widersprechen, das Gesagte steht im Raum und läßt keine freundliche Stimmung mehr aufkommen. Leider gibt es viele Menschen, die kein Gespür dafür haben, daß ein Wort im falschen Augenblick eine zerstörerische Wirkung haben kann. Deshalb liegt so viel Weisheit in diesem Bibelwort »Alles hat seine Zeit«, denn Streit hat seine Zeit, und Frieden hat seine Zeit, feiern hat seine Zeit, und trauern hat seine Zeit, schweigen hat seine Zeit, und reden hat seine Zeit . . .

Sicherlich soll im Familien- oder Freundeskreis auch etwas zur Sprache kommen, worüber man verschiedener Meinung ist, so daß jeder seinen Standpunkt verteidigen und hören kann, wie der andere denkt. Völlige Funkstille zwischen Menschen kann zur schlimmen Belastung werden.

Ich saß noch lange mit der jungen Frau auf dem Schwebebalken in der Turnhalle und machte ihr Mut, die verfahrene Weihnachtssituation zu durchkreuzen und einen Kurswechsel vorzunehmen, der dem Fest wieder einen Sinn gibt. Ich schlug ihr vor, sich schon Anfang Dezember mit der Schwiegermutter in der Stadt zu verabreden und gemeinsam mit einem Wunschzettel einzukaufen, gemeinsam ins Porzellangeschäft zu gehen, Waren zu vergleichen und ihr zu zeigen, was ihr gefällt und was in einen jungen Haushalt passen würde. Der Scheck verwandelt sich dann schon vor dem Heiligen Abend in etwas Nützliches, was als Geschenk schön verpackt zur gelungenen Überraschung wird. Es muß auch nicht gleich ein komplettes Service wie für die Aussteuer von früher sein. Man kann mit zwei Gedecken beginnen und sich darauf freuen, daß weiter gesammelt wird, bis es eines Tages vollständig ist.

Um das Weihnachtsfest selbst zu entkrampfen,

überlegte ich mit ihr, ob nicht in ihrem Bekanntenkreis einer oder zwei wären, die sich freuten, eingeladen zu werden. Durch Gäste gibt es ja immer mehr Gesprächsstoff, und jeder kann seine Phantasie etwas spielen lassen, damit das Essen nicht der einzige Höhepunkt ist. Ein Gedicht oder eine Liedzeile, die besonders gefällt auf einer sternenverzierten Platzkarte, ein besonderes Lesezeichen in einem Buch mit neuen und alten Weihnachtsgeschichten, eine Krippenfigur, der Hirte oder der König, zu der dann die Geschichte erzählt oder vorgelesen wird, was damals in Bethlehem geschah und weswegen wir Weihnachten feiern.

Die junge Frau packte plötzlich schnell ihre Turnschuhe in die Tasche und sagte: »Wenn ich bedenke, daß ich nur noch acht Tage Zeit bis Weihnachten habe, muß ich mich sputen. Ich hoffe, daß es glückt, dann könnte ich mich endlich auf Weihnachten freuen.«

Später erzählte sie mir dann, daß sie Gäste zum Heiligen Abend zu sich eingeladen hätten. Sie wollten wirklich einen neuen Anfang machen. Sie hatte die Tür zum Wohnzimmer mit einer dicken Tannengirlande umkränzt und vier rote Bänder wie bei der Einweihung einer neuen Straße quer vor die Tür gespannt. Ein Freund, der sonst immer über Weihnachten in den Süden fuhr, mußte wegen einer dringenden Arbeit zu Hause bleiben und fragte an, ob er an den Weihnachtstagen einmal vorbeikommen könnte. Er war nun der vierte, der am Heiligen Abend das Band mit durchschnitt und durch die geöffnete Tür ins Weihnachtszimmer kam. Dort war der Tisch schön gedeckt, und auf jedem Platz lag ein Zettel, worauf stand: Weihnachten ist für mich, wenn ... Es gab an diesem Abend vier Antworten, und das Wort »Friede« kam in den verschiedensten Zusammenhängen vor.

Neulich hörte ich, wie eine Mutter erzählte, daß sie einmal schreckliche Angst vor einem Weihnachtsfest gehabt habe. Es war das erste Weihnachtsfest nach ihrer Scheidung, und sie war allein in Berlin mit ihren beiden Töchtern, die sieben und acht Jahre alt waren. Sie hatten mehrere Weihnachtslieder mit Flöte, Triangel und Xylophonbegleitung eingeübt. Aber je näher der Heilige Abend kam, um so mehr fürchtete die Mutter, daß ihr ein Kloß im Hals stecken würde und sie ihren Kindern ihre ganze Traurigkeit vorweinen würde. Da schellte es an ihrer Tür, und eine alte Dame aus der Nachbarschaft fragte, ob sie nicht mit ihren Kindern am Nachmittag ein Stündchen zum Singen vorbeikommen könnte.

Sie warte auf sie und habe auch eine kleine Überraschung. Als sie an der Haustür läuteten, war von drinnen ein Glockenspiel zu hören, und sie sangen beim Eintreten das Lied »Kling Glöckchen klingelingeling«. Den ganzen Abend blieben sie zusammen und verspeisten große Plätzchenmengen. Die alte Dame erzählte, wie sie als Kind Weihnachten feierte. Ihr Vater besaß einen Gutshof mit vielen Angestellten in Ostpreußen. Am Heiligen Abend wurde ein großer Tannenbaum mit Kerzen geschmückt und in der Eingangshalle aufgebaut. Alle Beschäftigten kamen mit ihren Familien und wurden beschenkt und bedankt. Die Gutsbesitzerkinder bekamen keine Geschenke, sondern durften mit am weißgedeckten großen Tisch herrliche Weihnachtssuppe, Karpfen und süßes Weihnachtsgebäck essen. Geben ist seliger als nehmen, hatte der Vater ihnen schon früh beigebracht. Und wenn das Abendessen vorüber und die Nacht angebrochen war, ging die große Familie an die breite Flügeltür, der Vater öffnete sie weit, sie nahmen sich ganz still an den Händen und schauten in die dunkle Winterlandschaft, bis sich die Augen an die Dunkelheit gewöhnt hatten. Man konnte den Kiesweg bis zum Tor erkennen, die Silhouetten der Tannen und Birken, und endlich entdeckten sie am Nachthimmel auch ein paar funkelnde Sterne, von denen einer auch den Königen zur Krippe in Bethlehem geleuchtet hatte.

Familien, Feste, Traditionen – wir meinen immer, es sei so festgefügt, daß wir nicht daran rühren dürfen, obwohl sich die Zeit und wir uns selbst geändert haben. Es muß nur einer den Mut haben, das Althergebrachte zu überprüfen, was schön war bewahren und mit neuen Ideen lebendig werden lassen. Vielleicht werden das später auch wieder nachahmenswerte Bräuche.

IN GEMEINSCHAFT MIT ANDEREN MENSCHEN

Feiern und beten

Der erste Freitag im März ist für mich seit Jahren ein wichtiger Termin: Weltgebetstag der Frauen. Durch ein Plakat wurde ich einst darauf aufmerksam gemacht, daß Frauen aller christlichen Konfessionen rund um die Welt an diesem Tag beten. Ein Team von Frauen in der Weltgebetstagsorganisation bereitet jedes Jahr für alle eine umfangreiche Mappe mit Vorschlägen vor: die Liturgie, die Lieder, die Bilder zur Meditation und Information, die Bibelstellen. Denn jedes Jahr ist ein anderes Land an der Reihe, für das gebetet wird. In den letzten Jahren waren es Brasilien, Birma, die Tschechoslowakei, Palästina, Kenia, demnächst wird es Österreich sein.

Ende September macht sich zunächst eine Abordnung aus den Gemeinden – jeder kann sich melden und mitgehen – in einer regional bestimmten Tagungsstätte mit dem Thema vertraut. Frauen aus allen christlichen Kirchen finden sich dort ein und verbringen einen Tag im regen Austausch. Es gibt einen Einführungsvortrag mit Bildern, der über das Land, seine Bevölkerung, die Situation der Frauen und ihre Sorgen aufklärt. In kleinen Gruppen beschäftigt man sich dann mit den Texten aus der Bibel und sucht einen Bezug, eine Parallele zur heutigen Situation. Ich erinnere mich noch sehr gut an die Geschichte der Ruth aus dem Alten Testament, die ihren Mann im Krieg verlor und als junge Witwe fliehen mußte. Von ihrer Schwiegermutter Noomi, die für sie eine Fremde war, wird sie aufgenommen und versorgt. Später am Weltgebetstag selbst stellte eine Pfarrersfrau die Ruth dar und erzählte ihre Geschichte so, als wäre sie hier und heute unter den Flüchtlingen passiert. So aktuell kann die Botschaft der Bibel sein.

Der Weltgebetstag ist vor hundert Jahren in den Vereinigten Staaten von Amerika aus einer Ohnmachtserfahrung heraus entstanden. Die christlichen Frauen wollten nicht zusehen, wie das Elend in den Städten immer mehr zunahm, sie wollten nicht resigniert den Kopf hängenlassen, sondern zusammenkommen und beten. Durch das Gebet spürten sie eine verbindende Kraft, ihr Anliegen wurde von einer größeren Gruppe gemeinsam getragen, sie sahen plötzlich, wo es Lösungen gab, die sie anstreben konnten.

Der amerikanische Gebetstag wurde nach dem Krieg zum Weltgebetstag, und allein der Gedanke, daß sich an einem Tag rund um den Erdball Frauen zusammentun und ihre Gedanken und Herzen öffnen für ein Land und seine Menschen, gibt eine wichtige Perspektive. Sie bitten um Vergebung, daß sie den Sorgen der Welt so gleichgültig gegenüberstehen, sie bitten um Hilfe, daß die Mißstände erkannt und behoben werden, sie loben, daß eigentlich jedem Land soviel Schönheit und Reichtum gegeben worden sind, daß Menschen dort leben könnten, ohne in Not zu geraten.

»Wo zwei oder drei sich in meinem Namen versammeln, da bin ich mitten unter ihnen«, sagt Jesus. Das gemeinsame Gebet hat also eine besondere Bedeutung. Wir erfuhren es in dem Jahr, als auf amerikanische Einrichtungen in unserm Land viele Terroranschläge verübt wurden. Die amerikanischen Frauen, die entweder als Soldatinnen oder als Ehefrauen von Soldaten zu den US-Kasernen in unserer Nachbarschaft gehörten, hatten striktes Ausgehverbot. Sie durften nicht wie sonst am ersten Freitag im März in unserer Pfarrgemeinde die Liturgie des Weltgebetstages mitbeten. Deshalb machten wir den Vorschlag: »Dann kommen wir zu euch in die Kaserne und beten dort!«

Zunächst kam keine Antwort, dann ergab die Rückfrage beim Kommandanten, daß unser Vorschlag akzeptiert wurde. Aber alle, die kommen wollten, mußten ihre Ausweise am Kaserneneingang abgeben, sich durchsuchen lassen und versichern, daß weder das Thema Raketen, noch Atomkraft in unseren Fürbitten vorkam, noch daß wir vorhätten, in irgendeiner Art zu demonstrieren.

Solche Forderungen und Unterstellungen hätten uns fast beleidigt umkehren lassen. Aber es ging ja in unserem Gebetsanliegen um ein südamerikanisches Land und um die Gemeinschaft mit den amerikanischen Frauen, die darunter litten, daß sie so isoliert leben mußten. Schließlich zogen wir mit zwanzig Frauen morgens um 11 Uhr in die Kaserne ein, trafen die anderen Frauen und feierten in der einfachen Holzkapelle mit dem amerikanischen Militärgeistlichen einen Gottesdienst. Danach wurden wir zu einem gemeinsamen Essen eingeladen. Was uns sehr nachdenklich machte, war die Kargheit der Räume, das Provisorische in allen Einrichtungen.

Wer hätte schon gedacht, daß die Besatzung von 1945 fünfundvierzig Jahre hier bleiben würde. Zum einen war uns Frauen das Gebet zum Weltgebetstag wichtig, zum anderen der Kontakt mit diesen amerikanischen Frauen in unserer Stadt. Wieder hatte sich eine Spur von Vertrauen gezeigt, weil sowohl wir deutschen als auch die amerikanischen Frauen bereit waren, offen zu sein für eine andere Art, gemeinsam zu beten.

Einmal mußte ich gerade am Weltgebetstag im Krankenhaus liegen. Am Nachmittag wurde ich dreimal angerufen, aus dem Norden, aus dem Süden, aus meinem Ort. Drei Frauen verschiedenen Alters erzählten mir, daß sie abends zur Kirche gehen wollten, um beim Weltgebetstag der Frauen mitzubeten. Und die eine sagte: »Stell dir vor, den Text, den ich für eine Frau aus Afrika vorlesen soll, der paßt genau auf mich. Diese Frau hat auch fünf Kinder, die alle in der Ausbildung weit von zu Hause fort sind. Und ich mache mir dieselben Gedanken, ob sie es schaffen, ob sie nicht auf Abwege geraten, ob es ihnen gutgeht.« Am späten Abend, als wir das Licht im Krankenzimmer ausmachten, fragte plötzlich meine Bettnachbarin, die eine komplizierte Operation glücklich überstanden hatte: »Würden Sie einmal mit mir beten? Ich habe es schon lange nicht mehr getan, mir fehlen die passenden Worte.« Ich war erstaunt, so gut kannten wir uns doch noch nicht nach den drei Tagen. Wir sammelten alles im Gebet, worüber wir im Laufe des Tages gesprochen hatten: das Verhältnis von Arzt und Patient – daß Gesundwerden auch etwas mit dem Zustand der Seele zu tun hat und wieviel Unglück und Schmerz hinter Krankenzimmertüren verborgen ist. Wir fühlten uns auf einmal unter diesem Krankenhausdach in einer Gemeinschaft. Weltgebetstag ganz anderer Art, wieviel Anliegen gibt es auf dieser Welt, für die es sich lohnt, gemeinsam zu beten. Wir beide auf der Station V B wurden ganz dankbar, daß wir auf dem Weg der Besserung waren.

In einem Gesprächskreis stellten wir uns einmal die Frage: »Wo ist dein Platz in der Kirche?« Wir meinten das nicht nur im Hinblick auf die Bank, in der wir im Gottesdienst Platz nehmen, wir wollten uns vor allem besinnen, wo wir uns mit unseren Talenten einbringen können, wo wir unseren Auftrag sehen und ernst nehmen. Eine Frau sagte nach kurzem Zögern: »Ich suche und finde im Gottesdienst meine Ruhe. Es ist die einzige Stunde in der Woche, in der ich einmal für mich allein sein und zu Gott beten kann. Meistens weiß ich gar nicht, wer links und rechts neben mir gesessen hat.« Wir blickten uns erstaunt an, so wenig Raum für sich hatte sie als Mutter mit mehreren Kindern in ihrer häuslichen Umgebung, daß

- ☐ Auf den Katalog "multi-nova" und das hülsta-Fachhändler-Verzeichnis bin ich schon sehr gespannt.
- ☐ Mich interessieren auch die hülsta Schlafraum-Programme.
- ☐ Schicken Sie mir gegen Rechnung das große hülsta-Buch VORBILDLICH WOHNEN (Schutzgebühr: 17 Mark 50, Ausland 19 Mark).

Name

Straße

PLZ, Ort

Gewünschtes bitte ankreuzen ☒

B 31-40

60 Pfennige,
für die Post,
die sich lohnen.

Antwort/Postkarte

hülsta-werke
Info-Service
Postfach 1212

W-4424 Stadtlohn
Bundesrepublik Deutschland

sie den Platz im Gottesdienst brauchte, um zur Ruhe zu kommen? Das verwunderte mich, aber zugleich wollte ich ihr auch das Gefühl geben, wenn das für sie stimmt, dann ist es gut so.

Gemeinde erfahren

Bei einem Ostergottesdienst im Jahr 1987 in Wittenberg begann eine Vikarin als Glaubensbekenntnis folgendes vorzulesen:

»Ich glaube an die heilige Aufregung der Frauen, die beim Aufgehen der Ostersonne den weggewälzten Stein sahen. Ich teile ihre Hoffnung auf eine gelingende Gemeinschaft der Heiligen, einer Gemeinschaft befreiter Schwestern, erlöster Brüder, wo keiner wie ein Stein das Leben des anderen verschließt.

Ich glaube an die wahre Unsterblichkeit Jesu, in dessen Begegnungen die tiefe Kraft des Lebens der Menschen ganz nahe kam, der unabhängig von der Macht und Meinung anderer alles Lebensverneinende anging, sich einmischte und aufrieb, bis ihm selbst das Recht zu leben genommen wurde und er ermordet wurde unter dem Haß. So reiht er sich in jene scheinbar endlose Kette Mißachteter und Ermordeter, deren Leid sich nicht in Worte fassen läßt. Und dennoch können wir nicht schweigen, sonst würden wir irr.

Ich glaube an das zarte zerbrechliche Geheimnis des Lebens, das wir Gott nennen, verborgen wie ein Korn in der Erde, das uns in allem fragend begegnet und unsere Liebe, unsere Angewiesenheit und unsere Verantwortung wachruft.«

Ein wunderbarer Text, hier ist die Botschaft Jesu noch einmal neu ausgesprochen. Sie gibt uns einen Leitfaden für geglücktes Zusammenleben, für Partnerschaft und Gemeinde, so soll Kirche sein. Die heilige Aufregung der Frauen – ich konnte sie schon einige Male in der Gemeinde erleben, wenn es an einen Punkt kam, wo man nicht mehr brüderlich und schwesterlich miteinander umging, wenn einer wie ein Stein das Leben des anderen oder der anderen verschloß.

Wie oft sind wir Stolpersteine für andere, blokkieren durch unsere Rechthaberei, versteinern in unserem Mitgefühl, weil wir in Ruhe gelassen werden möchten. Die Begegnungen Jesu, von denen wir im Neuen Testament lesen können, machen uns betroffen: Er kehrt beim Zöllner Zachäus ein, obwohl er ein Außenseiter ist; er spricht mit der Samariterin am Brunnen, obwohl es nicht üblich ist; er holt die Kinder zu sich, obwohl seine Jünger meinen, das paßt jetzt nicht; er geht zu den Aussätzigen vor die Stadt, wo sonst keiner hingeht. Das alles sind Beispiele, die uns zu schaffen machen. Nicht gerne verlassen wir den Kreis der Gleichgesinnten und suchen Gemeinschaft mit denen, die uns unbequem sind, mit denen wir lieber nichts zu tun haben möchten.

Liebe, Angewiesenheit und Verantwortung – das sind die Grundelemente in der Hoffnung auf eine gelingende Gemeinschaft. Das kann keiner für sich erleben, dazu braucht er das Du, das erfährt er nur in der Gemeinschaft. »Verantwortung«, sagte mir kürzlich eine Künstlerin, »ist die Antwort, meine Antwort auf die Anforderungen und Fragen der Welt um mich herum.«

Drei Schritte sind für jede Gemeindearbeit wichtig: sehen, urteilen, handeln. Das negative Gegenbeispiel ist: nur registrieren, verurteilen und die Hände in den Schoß legen. Diese Haltung scheint sich in unserer Gesellschaft auszubreiten, je mehr der Wohlstand wächst. Ich höre gerade die älteren Leute sagen: »Bald haben wir überhaupt nichts mehr zu sagen, die Ausländer überrollen uns.«

»Was hast du denn heute zu sagen?« frage ich solche Miesmacher. Stehst du denn heute für das ein, was dir hoch und heilig ist? Bemühst du dich zu differenzieren, wenn du über Asylbewerber, Einwanderer, Gastarbeiter und Aussiedler sprichst? »Friede ist keine Windstille zwischen zwei Kriegen. Friede ist eine Bewegung von Herz zu Herz, von Volk zu Volk. Freundschaft mit anderen Menschen und Völkern muß man jeden Tag neu schaffen, sonst zerbricht sie bevor sie echt wurde. Was hast du getan, um Gemeinschaft aufzubauen? Was willst du morgen tun? Wenn du Argwohn und Mißtrauen in dir nährst und in deiner Umgebung ausbreitest, bereitest du Kriege vor. Vertraust du, weckst du Vertrauen? Wer wie in einem Staffellauf von Vertrauen zu Vertrauen eilt, erobert die Welt für den Frieden. Menschliche Gemeinschaft, Friede unter Menschen, entsteht durch Gespräch. Echtes Gespräch gibt es nur da, wo jeder redlich dafür offen ist, daß der andere auch ihm etwas zu sagen hat . . .« Diese wichtigen Sätze fand ich in einem Arbeitsbuch von Dieter Emeis, und der Autor Heinrich Spaemann ermuntert dadurch Jugendliche in der Jugendarbeit, darüber nachzudenken, wie man zum Frieden erziehen kann.

Ich meine, das geht uns alle etwas an, und auch im Alter können uns solche Friedensgrundsätze aufrütteln. Friede beginnt da, wo wir leben.

Es liegt mit an dir, und die Gemeinde ist der

beste Ort, wo wir den Dialog üben können und uns kundig machen können. Gerade die Hilflosigkeit während des Golfkriegs bewirkte in einigen Gemeinden, daß man sich mit dem Islam beschäftigt und Angehörige der muslimischen Nachbargemeinde zum Gespräch eingeladen hat. Wie viele waren überrascht, als es in den Kommentaren im Fernsehen hieß: Judentum, Christentum und Islam kommen aus einer Wurzel, wir alle glauben an einen Gott, den Gott Abrahams, Isaaks und Jakobs.

Wenn nur jede deutsche Familie sich um das Schicksal eines Ausländers kümmern würde, um seine Schwierigkeiten wüßte, sich um die Verständigung bemühte und helfen könnte, daß er sich in unserer Gesellschaft zurechtfände, es gäbe weniger Konflikte. Wir begleiteten einmal einen jungen chilenischen Studenten auf allen »notwendigen« Behördengängen, er sprach Spanisch und Französisch, verstand auch Englisch, die Beamten beharrten auf Deutsch. Als wir bemerkten, daß es nur Mißverständnisse gab, schalteten wir uns als Dolmetscher ein, und siehe da, es ließ sich alles regeln. Der Weg zur Aufenthaltsgenehmigung führte über eine private Krankenversicherung, denn wer nicht arbeiten darf, wird auch nicht versichert: Wir zahlten ein paar Monate einen Betrag für ihn ein, und er konnte endlich ohne die Angst leben, im nächsten Monat wieder ausgewiesen zu werden. Sicher lassen sich nicht alle Fälle so einfach lösen, aber für uns war es eine wichtige Erfahrung, daß eine relativ kleine Hilfeleistung große Wirkungen haben kann. Erst später sahen wir die Behausung des Chilenen in einer Wohngemeinschaft. Er schlief in einer Besenkammer ohne Fenster auf einer Matte, nie hatte er geklagt oder uns um etwas gebeten.

Phantasie entwickeln und die Initiative ergreifen

Gern sitze ich auf dem Balkon, freue mich über die Blumenschalen mit Bellis und Vergißmeinnicht, beobachte die Biene, die sich ganz in den Tulpenkelch versenkt und mit gelben Puderhosen wieder auftaucht. Ich staune, wie sich der kleine Ginsterbusch in diesem Jahr über und über mit Blüten dekoriert hat – dafür Zeit und Muße zu haben, ist ein Geschenk. Aber man genießt es um so mehr, wenn man weiß, das kann nicht jeden Tag so sein. Morgen wartet der Frauenkreis auf mich, übermorgen nehme ich an einem Kursus in häuslicher Krankenpflege teil, Donnerstag fahren wir zu zweit den geplanten Weg und die Stationen unseres Sommerausflugs ab, damit er gut vorbereitet werden kann. Freitags kommt ein kleines Schulmädchen aus einer Aussiedlerfamilie zu mir, mit ihr übe ich Diktate und lese ihr kleine Geschichten vor. Ihre Fortschritte sind so gut, daß sie es schaffen wird, aufs Gymnasium zu gehen.

Die Gemeinde bietet ein reiches Betätigungsfeld, und wenn man mithilft, verschwindet die Konsumhaltung und der Anspruch: »Die sollen mir mal etwas bieten, dann mache ich auch mit!«

Gemeinde ist von Jesus als Gemeinschaft gewollt, die aus dem Glauben heraus ein Zusammenleben ermöglicht, das nicht an Leistung und Profit oder an Rang und Würde, an Reichtum und Wissen gemessen wird. Wie eine Unterweisung für christliche Gemeindeleiter lautet der Abschnitt im Neuen Testament bei Matthäus (23,8–12):

»Ihr aber sollt euch nicht Rabbi nennen lassen, denn nur einer ist euer Meister, ihr alle aber seid Brüder. Auch sollt ihr keinen auf Erden euern Vater nennen, denn nur einer ist euer Vater: der im Himmel. Auch sollt ihr euch nicht Lehrer nennen lassen, denn nur einer ist euer Lehrer, Christus. Der Größte von euch soll euer Diener sein. Wer sich selbst erhöht, wird erniedrigt werden, und wer sich selbst erniedrigt, wird erhöht werden.«

Dienen wird hier nicht als untergeordnete Rolle

in einer Gemeinschaft empfunden, sondern als Nächstenliebe – auf den anderen angewiesen und für den anderen da sein. So wie man in einer Familie füreinander sorgt und sich kennt, so soll es in der christlichen Gemeinde glücken: »Wer den Willen Gottes tut, der ist mir Bruder, Schwester und Mutter.« Die den Willen Gottes tun, sind diejenigen, die an die Botschaft vom Reich Gottes glauben und sich gemeinsam auf den Weg machen, um daran zu bauen und es zu verwirklichen.

Aufstehen, hinter den verschlossenen Türen hervorkommen und wie an Pfingsten, Mut haben etwas zu tun, so erlebte ich einmal eine Frau, die schon über sechzig Jahre alt war. Ihr Mann war kränklich und brauchte viel Pflege. Sie hatte eine kleine Annahmestelle für Reinigungssachen und Mangelwäsche in ihrem Haus, um sich noch etwas dazuzuverdienen. Neben ihrem Haus bewunderte ich immer einen prächtigen Gemüsegarten, in dem die Lauchstangen wie die Soldaten in einer Reihe standen, die Kräuter wie dicke Sträuße schnittbereit warteten und im Herbst die gelben Kürbisse durch die grünen Blätter leuchteten. Ich meine, sie hatte genug zu tun und war den ganzen Tag beschäftigt, aber sie kam eines Tages zu mir und hatte einen Plan, den sie schon lange hegte. Sie wollte gern, daß die Kirchenfeste im Jahr nicht nur im Gottesdienst gefeiert wurden, sondern auch einen Widerhall und eine Vorbereitungszeit in der Gemeinde hätten.

Es genügte für sie erst mal, wenn wir anfingen, eine besinnliche Adventsfeier, eine lustige Fastnachtssitzung vor der Fastenzeit und ein Erntedankfest vorzubereiten, wo doch ein großer Teil der Gemeinde in der Landwirtschaft tätig war und wir jedes Jahr miterlebten, wie mühsam es war, den Spargel zur richtigen Zeit zu ernten, die Kirschen schnell auf den Markt zu bringen und die Äpfel richtig zu lagern.

Meine Aufgabe dabei sollte sein, daß ich ihr ein bißchen beim Programm helfe und einen geeigneten Raum besorge. Helfer für den praktischen Teil hätte sie mehr als genug. Schließlich wären die Senioren ab sechzig ja nicht alle gehbehindert und müßten sich bedienen lassen, sondern könnten noch »springen wie die Hirsche«. Das habe ich dann in den nächsten Jahren wirklich erlebt.

Das größte Problem war zunächst, einen geeigneten Raum zu finden, es gab kein Gemeindehaus, und die Räume, in denen man sich zur Beratung versammelte, waren viel zu klein. Aufschieben wollten wir eine so gute Idee nicht, und da zwei meiner Kinder noch im Kindergarten waren, sprach ich mit den Kindergärtnerinnen, ob sie mit den Kindern Mitte Dezember den Älteren in der Gemeinde etwas Adventliches vorspielen und singen könnten.

Es war für alle Beteiligten ein Ereignis. Die Kinder hatten noch nie so ein dankbares Publikum bei der Theateraufführung, und die Senioren saßen alle auf kleinen Stühlen, an kleinen Tischen und bekamen anschaulich vorgeführt, was im überbesetzten Kindergarten mit fünfundsiebzig Kindern jeden Morgen los war. Von einem handwerklich geschickten Großvater wurde anschließend die Holzspielkiste mit neuen Scharnieren versehen und die Räder der Eisenbahn erneuert. Ein freiwilliges Team meldete sich schon für das Frühjahr zum Helfen an, wenn der Sand aus den Spielkisten im Hof ausgeschaufelt und erneuert werden mußte. Zwei Bauarbeiter für diese Aktion zu bezahlen, war immer kostspielig, in diesem Jahr war es gratis, und der Gartenzaun wurde auch gleich mitrepariert.

Von der Kanzel wäre ein Aufruf zur Mithilfe im Kindergarten wahrscheinlich nicht so prompt gehört worden. Das Sehen, Urteilen, Handeln war der richtige Weg und das Sich-Begegnen der verschiedenen Gruppen in der Gemeinde, vom

Kindergarten bis zum Seniorentreff wirkte belebend und sorgte für gegenseitiges Verständnis.

Zur Fastnachtszeit mieteten wir dann einen größeren Saal im Gasthaus am Ort, der Wirt kam uns mit einem niedrigen Preis entgegen, und die Bedienung übernahmen wir selbst. Drei Stunden närrisches Programm, selbstgedichtet, selbstgesungen und meisterhaft vorgetragen. Ein grauhaariger Herr hatte als Maurice Chevalier verkleidet auf alle Damen, die sich angemeldet hatten, einen zweiteiligen Vers gemacht, und die ganze Gesellschaft sang den Refrain im Chor. Es entpuppten sich Talente, die vorher keiner vermutet hatte, und vom Humor wurden auch die angesteckt, die sonst ein bißchen traurig am Rande saßen.

Zur nächsten Adventsfeier im Kindergarten hatten wir zur Überraschung aller sechzig Teilnehmer große komfortable Stühle, die auch für die Elternabende genutzt wurden. Der Spender wollte ungenannt bleiben, er hatte wohl die Bibelstelle beherzigt, »eher geht ein Kamel durchs Nadelöhr, als ein Reicher ins Himmelreich ein«.

Schließlich durften wir sogar im Speisesaal des Altersheimes einkehren, die Rüstigen feierten mit, für die Kranken wurde unser Programm, wer es wollte, durch den Lautsprecher auf die

Zimmer übertragen, und es war für alle eine willkommene Abwechslung.

Im dritten Jahr wurde ein einfaches, aber sehr geschmackvolles Gemeindehaus zwischen Kirche und Pfarrhaus gebaut. Ich bin überzeugt, hätten wir nicht erst das Programm gehabt und den Mut anzufangen, wären nicht die sechzig Stühle gestiftet und die Begeisterung bei allen Veranstaltungen so groß gewesen, hätte die Gemeinde viel länger auf ihren Raum warten müssen.

Inzwischen war durch das Festefeiern eine enge Gemeinschaft entstanden. Viele faßten mit an, als das Gemeindehaus gebaut wurde. Die Gartenanlagen rundherum wurden selbst angelegt, die Fenster und Türen vom Malerdreck gereinigt. Eine Gruppe Frauen umsäumte die farbigen gewebten Tischdecken aus Stoffen vom Meter, und ein älterer Herr stiftete sogar ein in Holz gefaßtes Raumthermometer. Wir nannten es gleich das Stimmungsbarometer, und tatsächlich fiel es bei einer heftigen Diskussion im Saal von der Wand, der Nagel hatte sich gelockert.

Im Gemeindehaus gab es von nun an auch Familienfeiern, und das Jahresprogramm erweiterte sich von Jahr zu Jahr. Die Gemeinde hatte ein Haus mit offenen Türen, und als dann noch ein großes Neubaugebiet erschlossen wurde, hatten es die neuen Mitbürger nicht schwer, Anschluß zu finden. Wie heißt es doch in einem Lied: »Wenn einer alleine träumt, ist es nur ein Traum, wenn mehrere träumen, ist es schon der Beginn von Wirklichkeit.«

Gemeinsame Mahlzeiten gestalten

In Gesellschaft schmeckt's besser – diese Erfahrung haben wir alle schon gemacht. Essen ist eben mehr als nur Nahrungsaufnahme und Hungerstillen. Es ist eine Unterbrechung im Tagesablauf, eine Ruhepause, ein Innehalten auch für den beschäftigten Geist, deshalb ist ja auch das Gebet mit den Mahlzeiten verbunden. Ich bewundere es bei unserer Mutter, die jetzt oft allein essen muß, daß sie sich trotzdem den Tisch schön deckt, ein sauberes Deckchen und eine Serviette auflegt, Blumen – und wenn es nur vier Stiefmütterchen sind – in die Vase stellt und ihr »gutes« Geschirr aus dem Schrank holt. Ihr Leben lang hat sie große Familienrunden versorgt, es ist ein Erinnern und eine liebgewordene Gewohnheit. Nie würde sie einen Becher Yoghurt in der Küche auslöffeln oder den Kaffee im Stehen trinken, sie gönnt sich diese eigene Bedienung. Sie hat eine besondere Form der Eßkultur.

Im Laufe der Jahre hat sich bei uns aus verschiedenen Gründen eine Familientradition entwickelt: das Frühstück hat ein besonderes Gewicht bekommen. Vielleicht war das Osterfrühstück – nach dem Auferstehungsgottesdienst – mit seinem reichen Angebot an duftenden Hefekränzen, bunten Eiern, Schinken und Wurst nach den kargen Fastentagen das Modell für diese Sitte, genüßlich alles durchzuprobieren und gemütlich den Morgen in fröhlicher Tischrunde zu verbringen. Es ist also kein schnelles alltägliches Frühstück, um in den Tag zu starten: es ist ein ausgedehntes Mahl, eine Verbindung von »breakfast« und »lunch«, wie es die Engländer kennen. An Tagen, an denen man Zeit hat, gibt es ein Brunch-Frühstück. Für die Hausfrau ist es angenehm, man kann alles vorbereiten, überwiegend Kaltes, Frisches nach Jahreszeit, Obst, Säfte und eine warme Schüssel Fleisch oder Aufläufe auf den Tisch stellen. Jeder bedient sich selbst und kann seine Vorlieben genießen, einer bleibt nur bei Butterhörnchen und Marmeladenauswahl, der andere kostet alles durch und endet beim Kuchen.

So halten wir es, wenn sich die Großfamilie an Sonntagen trifft, so planen wir den Tag, wenn Besuch bei uns ist, der danach etwas von Stadt und

Umgebung sehen möchte. Es gefällt aber auch unseren Freunden, mit denen wir uns gern ein paar Stunden unterhalten wollen, ohne auf die Uhr zu sehen. Bei einer Einladung zum Abendessen denkt man heute eher an die Gesundheit, bittere Erfahrungen einer schlaflosen Nacht und an die Heimfahrt im Dunkeln. Nach dem Frühstück klingt der Tag so aus, wie jeder es möchte.

Den Luxus des Frühstücks in froher Runde empfanden wir auch damals als Mütter schulpflichtiger Kinder einmal im Monat als Geschenk. Wir trafen uns reihum zwischen 9 und 12 Uhr, und da wir alle unsere Kindheit in verschiedenen Gegenden Deutschlands verbracht hatten, machten wir uns einen Spaß daraus, jeweils eine Speise aus der heimatlichen Küche anzubieten. So lernten wir ostpreußische Piroggen, Hamburger Labskaus, dänische Leverpostoi, westfälisches Himmel und Erde, rheinisches Apfelkraut und Handkäs' mit Musik, bayerische Weißwürste und vieles mehr kennen. Von manchem wurden sofort die Rezepte ausgetauscht, einiges blieb einmalig. Das Essen und der liebevoll gedeckte Tisch waren der schöne Rahmen und die gemütliche Atmosphäre. Das Wichtige, worauf wir uns alle jedesmal freuten, war das Erzählen, das Austauschen von Erfahrungen, das bessere Kennenlernen und die Anteilnahme, wenn einer von uns schwere Stunden durchgemacht hatte. Es war nicht durch das Gespräch beim Einkaufen oder auf der Straße zu ersetzen, die häusliche Einladung gab Wärme und Vertrautheit, die auch Gespräche mit Tiefgang ermöglichte, es hatte mit dem berüchtigten Kaffeeklatsch gelangweilter Damen wenig zu tun. Es gab uns ans Haus gebundenen Frauen, mit einem von der Familie bestimmten Terminkalender, die Möglichkeit, Kontakte zu knüpfen und Freundschaften zu schließen, die bis heute andauern. Jetzt geht es mir so, wenn mal wieder ein Vierteljahr im Nu vorbeigerauscht ist und ich das Gefühl habe, einige liebenswerte Menschen sehe ich viel zu wenig, dann rufe ich an und lade zum westfälischen Frühstück ein.

Möglich ist es auch im größeren Rahmen in der Gemeinde. Wir hatten nach einer Bestandsaufnahme, was uns im Gemeindeleben die meisten Sorgen machte, herausgefunden, daß wir viel zu wenig voneinander wissen, daß die anonyme Not aus Scham oder aus Furcht heraus gar nicht von der Nachbarschaftshilfe entdeckt werden kann. Ein Versuch, ein bißchen näher bekannt zu werden, war, einmal im Monat an einem Wochentag um 8.15 Uhr einen Gottesdienst anzubieten und danach im Gemeindehaus zu einem einfachen Frühstück einzuladen. Wir kochten Kaffee und Tee, und dazu gab es Brötchen und selbstgemachte Marmeladen und für die Nicht-Süßen ein paar Käseecken. In ein Körbchen tat jeder ein paar Mark, es durfte auch mehr sein. An langen Tischen saßen dann dreißig frühstükkende junge Frauen und Senioren, Witwen und Mütter von Großfamilien, schließlich kamen auch zwei ältere Männer und fragten, ob sie stören würden: allein zu Haus zu essen, mache auf die Dauer trübsinnig. Das Gemeindefrühstück blieb eine ständige Einrichtung, es kamen neue Leute, und einige blieben weg. Einmal spendierte eine ältere Dame ein Geburtstagsfrühstück mit frischem Hefekuchen und wünschte sich als Geburtstagsständchen zwei Frühlingslieder. Ohne Probe wurde es eine herrliche Singstunde, die Älteren konnten drei oder vier Strophen von jedem Lied, wie lange hatten sie nicht mehr gesungen! An diesem Morgen mußte der anschließende Einkauf und der Haushalt ein bißchen länger warten. Das Geburtstagskind erzählte beim Abschied, daß ihr seit Jahren niemand mehr zum Geburtstag mit Händedruck gratuliert hätte. Sie war alleinstehend, ihr Sohn lebte in Amerika.

SCHWESTER SONNE, BRUDER MOND

In einem Sommer traf ich mich mit acht Freundinnen, die alle aus verschiedenen Gegenden Deutschlands kamen, auf einem Bauernhof im Allgäu. Ich reiste erst am Samstag an, denn eigentlich hat man als Frau mit Familie, Verpflichtungen und verschiedenen Tätigkeiten, keine Zeit übrig für solche »Extratouren«. Ich fand meine sieben Freundinnen im Hof um den Holztisch sitzend, ein großer Topf Gulasch, Nudeln und Gurkensalat waren schon fast verspeist – niemand hatte Eile abzuräumen. Sie hatten schon einen Tag ganz anders verbracht als sonst, waren mit Perpetua, der Bäuerin, zu den Schafen auf die Bergwiesen gestiegen und hatten abends versucht, auf dem Spinnrad einen glatten Faden zu drehen. Dann war die Rede darauf gekommen, ob wir, ähnlich wie Franz von Assisi vor vielen Jahrhunderten, noch sagen könnten: »Schwester Sonne, Bruder Mond, Schwester Wasser und Bruder Tier«, weil wir doch alle Geschöpfe Gottes sind. Beim Spazierengehen durch die Wiesen, auf denen das Heu duftete, beim Warten unterm schützenden Dach, während ein Gewitter vorbeizog, spürten wir, daß wir in unserem Alltag von der Natur, die Gott auch geschaffen hatte, weit entfernt leben.

Wir mußten erst wieder staunen lernen, damit wir die Schöpfung neu achten konnten: die Luft zum Atmen, das Wasser zum Trinken, die Erde, um sie zu bebauen und zu bewahren. So wurde die Idee geboren, daß wir im nächsten Jahr auf einer Tagung einen Workshop »Umgang mit der Schöpfung« vorbereiten wollten. Felicitas, die viel mit jungen Leuten umgeht und fünf Kinder großgezogen hat, empfahl uns diese Bezeichnung »Workshop«, weil »Seminar« zu verkopft klinge und wir doch vorhätten, alle Sinne anzusprechen, wenn es um den Umgang mit der Schöpfung gehe. Der Workshop wurde zu einem wunderbaren Erlebnis, so daß wir ihn im übernächsten Jahr fortsetzen und die Teilnehmerzahl beschränken mußten. So ein »Nachholbedarf« zeigte sich im bewußten Erleben von Schöpfung.

Durch die Beobachtung des Umgangs mit uns selbst hatte es begonnen: Wie erfahre ich mich, wenn ich auf die Signale meines Körpers achte? Atmung – Bewegung – Ernährung – Verdauung. Kann ich es lernen, mit all diesen Vorgängen natürlich umzugehen? Kenne ich meinen Körper so gut, daß ich meine Gesundheit nicht durch nachlässiges Verhalten aufs Spiel setze? Das richtige Atmen ist eine Belebung für Geist und Körper, die vorbeugend und therapeutisch nützt – das alles erfuhren wir am eigenen Leib. Wir gingen in einem großen Kreis durch den Raum, Junge und Alte, Männer und Frauen und wurden von einer Krankengymnastin sachkundig angeleitet, tief einzuatmen und richtig auszuatmen. Viele von uns hatten vorher noch nicht bemerkt, wie weit die eingeatmete Luft in uns hineinströmt, daß sich dadurch die Bauchdecke hebt, wo das Zwerchfell sitzt, und wie der Sauerstoff von unserem Blut aufgenommen wird und im Nu die matte Müdigkeit fortnehmen kann. Man kann es täglich allein am offenen Fenster oder beim Spazierengehen bewußt üben. Am besten aber gelingt es in einer Gruppe von Gleichgesinnten, wenn dann nach ein paar Malen die Scheu voreinander verschwunden ist und die Kleidung locker und bequem ist, gelingen auch die Übungen zum Beweglichbleiben besser: das Entspannen und Entlasten der Wirbelsäule und schließlich auch, wie sehr der Körper bei gemeinsamen Übungen auf Streicheleinheiten und Wärme vom Nächsten reagiert. Da wir uns im »Workshop« aller Sinne bewußt werden wollten, gab es nach einem Dia-Vortrag einer Diplom-Gärtnerin über

Kräuter und Heilpflanzen erfrischende Kräutertee-Mischungen zu kosten und, was für viele ganz neu war, Riechproben aus einer zwanzigteiligen Duftapotheke (erhältlich im Bio-Laden): Die verschiedensten Düfte aus Pflanzen und Bäumen sind darin in ätherischen Ölen eingefangen. Einige unter den Teilnehmern berichteten, welche guten Erfahrungen sie, ohne die üblichen Medikamente einzunehmen, bei bestimmten Beschwerden mit dem Riechen dieser Düfte gemacht hatten, zum Beispiel bei Kopfschmerzen, Verkrampfungen, leichten Erkältungen oder depressiven Stimmungen. Ein wunderschönes Spiel war es, die Düfte und ihre Ursprungspflanzen zu erraten. Wer Lust hatte, konnte sich den Plan für einen eigenen Kräutergarten oder einen »Duftgarten« mitnehmen.

Geschenke aus der Natur. Wir waren uns einig, daß man ärmer ist, wenn man sie nicht mehr kennt und wahrnimmt. Ich beobachte jetzt häufig, daß ältere Damen, wenn das Gespräch auf Wildkräuter und Gemüse kommt, sich sehr wohl daran erinnern, daß ihre Mutter sie zum Kräutersammeln schickte und Kresse, Giersch, Roßkümmel und junge Brennesseln im Frühling auf dem Mittagstisch standen. Dann kam die Zeit der bequemen Fertigprodukte und der feingemahlenen

Gewürzmischungen, und fast ging das Staunen über den ganz eigenen Duft und Geschmack von Liebstöckel und Pimpernelle verloren. Durch die ausländische Küche kam es bereichernd zu uns zurück, wir wurden plötzlich aufmerksam auf Rosmarin und Basilikum.

Zurück zum »Workshop«: Um das Erlebte noch einmal zu bedenken, gingen wir von einer kleinen Meditation aus. Im Alten Testament steht im Schöpfungsbericht (1. Mose 1,12): »Das Land brachte junges Grün hervor, alle Arten von Pflanzen, die Samen tragen, alle Arten von Bäumen, die Früchte bringen mit ihrem Samen dazu. Gott sah, daß es gut war.«

Wir teilten in der Gruppe Kunstkarten und Fotos von Bäumen aus, und jeder sollte sich in ein Baumbild vertiefen und etwas dazu sagen. Es war verblüffend, eine bessere Vorstellung der Anwesenden mit ihren Sorgen und ihren Freuden konnten wir uns gar nicht wünschen. Der Baum im Wechsel der Jahreszeiten als Symbol des Menschenlebens, der junge Baum, der alte Baum, der Baum im Wind, der Baum als schützendes Dach, sie alle lösten so viele Gedanken und Erinnerungen aus, daß wir eine spannende Erzählstunde hatten. Eine aus der Runde sagte, daß sie ganz viel verpaßt hätte. Es wäre keine Zeit für Naturerlebnisse und bewußtes Erleben der Schöpfung gewesen, der Betrieb und die Familie hätten sie völlig in Beschlag genommen, selbst in den Ferien hätte sie Reisen in fremde Städte, ferne Länder, mit großen Besichtigungsprogrammen gemacht, sie wäre nie mit ihren Kindern am Meer barfuß durch den Sand gelaufen, noch viel weniger hätte sie mit ihrer Hand über die Rinde eines Baumes gestreichelt. Sie wollte jetzt mit ihren Enkelkindern alles nachholen, sie empfände es als großes Unglück, sich nicht um die Schöpfung gekümmert zu haben.

Ich hatte eine Mappe mit kurzen Texten und Gedichten zum Thema Baum und zur Schöpfung mitgebracht, gesammelt und gefunden im Laufe von Jahren. Diese Mappe ist wie eine Schatztruhe, aus der ich zu besonderen Anlässen etwas verschenke oder mich selbst dadurch verzaubern lasse. Zum Beispiel das Gedicht »Der Mai« von Erich Kästner:

»Im Galarock des heiteren Verschwenders,
ein Blumenzepter in der schmalen Hand,
fährt nun der Mai, der Mozart des Kalenders,
aus seiner Kutsche grüßend über Land . . .«

Es lohnt sich, die Dichter zu Rate zu ziehen, wenn es darum geht, schöpferisch mit der Schöpfung umzugehen.

Ihr Lob, ihre Trauer kann uns sensibel machen und ermutigen, selbst mit einzustimmen.

Beim zweiten »Workshop« bereiteten wir einen Gottesdienst mit dem Thema »Umgang mit der Schöpfung« vor und feierten ihn in der Hauskapelle des Klosters Benediktbeuern im Allgäu. Dort wurde ein historischer Klosterkräutergarten wieder angelegt von derselben jungen Frau, die uns beim ersten Treffen in die Welt der Heilkräuter eingeführt hatte. Wir lernten jetzt die mühsame Arbeit am Ort kennen, den Idealismus, der dahintersteckt, und die mühsamen Studien, bis man herausfindet, welche Pflanzen sich in ihrer Nachbarschaft begünstigen und welche sich überhaupt nicht nebeneinander vertragen. Erstaunt erfuhren wir, daß fast in jeder Pflanze Heilkraft und Gift enthalten sind. Beim Verzehr kommt es auf die Menge, auf den Abbau und auf den Zustand des verzehrenden Menschen an.

Ein interessanter Programmpunkt dieser zweiten Zusammenkunft war für den Sinn des Schmeckens vorbereitet. Wir hatten verschiedene Samenkörner keimen lassen und boten jetzt kleine Kostproben von Sprossen an, die auf der Zunge den Geschmack von Nüssen oder die Schärfe von fertigen Radieschen hatten. Alle waren begeistert und ließen sich belehren: Der

Nährgehalt, der in keimenden Körnern steckt, wartet darauf, durch Vitamin C und Enzyme ergänzt zu werden, die sich im Stadium des ersten Keimens und Grünens bilden. Keimlinge und Sprößlinge sind buchstäblich lebendige Nahrung, denn man läßt sie so lange wachsen, bis man sie tatsächlich für den Salat braucht.

Christen kennen auch die symbolische Bedeutung vom Samenkorn, das in die Erde fällt, sich selbst aufgibt, um neu zu werden. Jesus wird mit dem Weizenkorn verglichen, das im Boden stirbt, um zur Ernte des Lebens und zur Vollendung aufzuerstehen. Das winzige Samenkorn verkörpert also Zukunft und ungeahnte Möglichkeiten.

Die Natur kann uns unendlich viel lehren, was beispielsweise Wachstum, Kreisläufe, Vereinigung von Gegensätzen, Ausgleich und Ganzheit anbetrifft. Wir brauchen solche Symbole, solche Botschaften aus der Tiefe mit ihren verschiedenen Bedeutungsschichten, damit wir nicht an unserer künstlichen, hochtechnisierten Welt zugrunde gehen. Sie öffnen uns die Augen über unsere Existenz.

Wieder lernen, mit den Jahreszeiten bewußt zu leben: sich vom Winter überschneien zu lassen und Kraft in der Ruhe zu finden, wie das brachliegende Feld; mit dem Frühling Schwung holen und den Körper aktivieren und entschlacken, dann hat Fastenzeit eine leib- und geistfreundliche Seite; mit dem Sommer Sonne tanken und den kühlenden Schatten unter Bäumen genießen; den Herbst in seiner Fülle begrüßen und »Erntedank« feiern, wenn man auch selber nur Tomaten im Topf auf dem Balkon gezogen hat. Ich glaube, dann fällt es uns leichter, »Schwester Sonne«, »Bruder Mond«, »Schwester Wasser« und »Bruder Wind« zu sagen. Das Jammern über schlechtes Wetter nimmt ab, und man geht mit festen Schuhen, einem Wettermantel und einer Kopfbedeckung auch mal bei Regen vor die Tür, weil das Erquickende des Wassers vom Himmel durch keinen Gartenschlauch zu ersetzen ist.

Die Tür zur Schöpfung aufmachen, das gelingt in Gruppen, in Bürgerinitiativen, zu zweit oder allein. Ich habe eine bemerkenswerte alte Dame kennengelernt, die durch ihr Hobby, Landschaften zu malen, nicht nur eine Künstlerin wurde, die so viel Erfolg hatte, daß sie ihre Bilder ausstellte und verkaufen konnte, sondern auch vielen Menschen die Augen öffnete. Malerische Wacholderheiden und zauberhafte Flußlandschaften mit Auwäldern und feuchten Blumenwiesen wurden in ihrer Schönheit in den Gemälden dokumentiert. Da sie aber bei jeder Rückkehr zu ihren Modellplätzen im Laufe von wenigen Jahren eine erschreckende Veränderung der Landschaft feststellte, die Natur mehr und mehr gefährdet sah, wurden ihre Bilder zu Mahnmalen und trugen zur Aufklärung bei.

Eines Tages wurde sie mit ihren Werken, die eigentlich eine ganz private Angelegenheit waren, zu Tagungen des Umweltministeriums gerufen und ging mit ihnen über Land, wenn die deutsche Sektion des World Wide Fund for Nature (die Umweltstiftung WWF) Vorträge veranstaltete, die das Wissen und das Bewußtsein um unsere gefährdete Natur anregen sollten. Trockengebiete auf steinigen Hängen der Alb, mit seltenen Tier- und Pflanzenarten, waren durch mutwilliges Eingreifen des Menschen genauso gefährdet wie die so nützlichen Auen an den Flußläufen, die einst wie riesige Schwämme einen Teil der Hochwassermassen aufsaugten und speziellen Tieren und Pflanzen das richtige feuchte Klima gaben. Auen wirken wie Regulatoren. Inzwischen gibt es ein Auenschutzprogramm, um die wenigen noch bestehenden in ihrer ursprünglichen Art zu erhalten. Das Auen-Institut in Rastatt kümmert sich um diesen praktischen Naturschutz.

BÜCHER UND DIE FENSTER ZUR WELT

Es muß in der zehnten Klasse gewesen sein, da wurde uns einmal für einen Schulaufsatz das Thema gestellt: »Was bedeutet dir mehr, der Umgang mit Büchern oder der Umgang mit Menschen?« Mit der Unerschrockenheit einer Sechzehnjährigen plädierte ich für die Bücher. Ich beschrieb, wie ich, quer im Sessel sitzend, mit einer Decke über den Beinen, die Zeit vergessen konnte, wenn ich las. Stendhals »Rot und Schwarz«, Flauberts »Madame Bovary«, Hemingways »Wem die Stunde schlägt«, Puschkins Erzählungen, Claudels »Seidenen Schuh«, Schillers »Jungfrau von Orléans« und »Bonjour tristesse« von Françoise Sagan.

Mich faszinierte, daß mich Dichter und Schriftsteller in andere Zeiten, andere Länder, in die höfische Gesellschaft von Paris oder ins bürgerliche Milieu der Normandie, zum Landadel nach Rußland oder in den spanischen Bürgerkrieg versetzen konnten. Für ein paar Tage schlüpfte ich dann in meiner Phantasie in die Kostüme der Romanfiguren, begleitete sie und litt und liebte mit ihnen. Bücher öffneten mir damals in meinem behüteten Elternhaus, in meiner kleinen Stadt, die Fenster zur Welt. Mein Interesse an Kulturgeschichte wurde geweckt, ich bekam große Reiselust und träumte davon, die Spuren der Literatur in der Wirklichkeit zu entdecken.

In meinen ersten Ferien an der Nordsee hatte ich schon erfahren, daß Storms Novellen der beste Reiseführer sind, wenn man Deichspaziergänge bei sturmgepeitschter See macht und die »Graue Stadt am Meer« im geisterhaften Nebelbühnenbild vor einem lag. Auch später waren mir die Bücher wichtige Wegweiser. Wir reisten mit Selma Lagerlöfs »Gösta Berling« nach Nordschweden in die Sommerferien und mit Peter Roseggers »Waldheimat« in die Steiermark. Mit Thomas Manns Erzählung »Tod in Venedig« reisten wir auch einmal in die Lagunenstadt. Und als wir die erste Ruhepause auf dem Hotelzimmer machten und ein paar Seiten lasen, war die Überraschung groß. Thomas Mann beschrieb die Kirschholzmöbel unseres Zimmers und die angelehnte Badezimmertür mit Jugendstilglas. Wir konnten im Text den Blick aus dem Hotelzimmer wiedererkennen, den Blick hinaus auf den Strand mit den Badehäusern, und die leichten Wellen liefen an den Holzstegen entlang, genauso wie es beschrieben war.

Am nächsten Morgen im weiten Frühstückssaal, wo sich einst die vornehme Welt Europas getroffen hatte, trafen wir am Nachbartisch einen Studienfreund, den wir viele Jahre nicht gesehen hatten. Nach herzlicher Begrüßung zeigte er auf ein Buch neben seinem Frühstücksteller und fragte uns: »Seid ihr auch wegen Thomas Mann hier?« Es stimmte also, das Hotel hatte es schon um die Jahrhundertwende gegeben, und der Dichter hatte seine Geschichte hier spielen lassen.

Bücher können wirklich beglückende Begleiter sein und die eigenen Erlebnisse reicher machen, aber wie sehr verblaßt ihre Welt, wenn wir Leser unsere Eindrücke nicht jemandem mitteilen können, wenn wir nicht das Erfahrene mit jemandem austauschen können. Es gibt die Möglichkeit, selbst literarisch tätig zu werden. Gedanken, die uns beim Lesen kommen aufzuschreiben, als Randbemerkung, als kleinen Kommentar zum Tage. Es ist eine Kostbarkeit, wenn man später solch ein Buch geschenkt bekommt oder in einem Bücherschrank findet. Man kann auf diese Weise mit dem Leser noch einmal Zwiesprache halten und durch seine Brille lesen. Bücher, die einen früher einmal erschüttert oder begeistert haben, später wiederzulesen, ist ein großes Abenteuer. Manche üben ein Leben lang eine Faszination aus, andere liest man verwundert wieder und weiß nicht mehr, worin damals die Anziehungskraft lag, sie erscheinen schal und ein bißchen oberflächlich, wohl durch eigene Erfahrungen, die man inzwischen gemacht hat.

Beim Bücherkauf lasse ich mich gerne von meinen Freundinnen beraten. Wir tauschen uns darüber aus, was sie in letzter Zeit gelesen haben, was sie gerade fasziniert. Jedes Jahr im Herbst veranstalten wir einen Bücherabend im Frauenkreis. Wir laden uns dann einen Buchhändler mit einer kleinen Auswahl von Neuerscheinungen ein, die er uns vorstellt, oder eine Buchhändlerin erzählt uns von ihren Eindrücken beim Lesen der neuen Frauenliteratur. Thematisch befassen wir uns mit der Darstellung ökologischer Probleme in der Literatur bis hin zu psychologischer Märchendeutung. Manchmal präsentiert auch eine Frau aus unserem Kreis ihr spannendstes oder aufregendstes Buch des Jahres, oder wir vertiefen uns in die Ausgaben von Briefen aus verschiedenen Zeiten.

Briefe gehören für mich zum höchsten Kulturgut und sind durch ein Telefongespräch nicht zu ersetzen. Natürlich könnte man argumentieren, man hört die Stimme, man ist wirklich mit dem Gesprächspartner verbunden, man bekommt sofort eine Antwort, wenn man telefoniert. Briefe erfordern Sammlung, Nachdenken und eine Hinwendung, die ein bißchen mehr Tiefgang in die Mitteilung bringt. Briefe kann man immer wieder lesen, und so werden sie zur lieben Erinnerung, wenn der Briefschreiber gestorben ist. Sie werden aber auch zum Zeitdokument, weil die Situation, in der ein Brief geschrieben wird, sich nicht noch einmal wiederholt. Oft sind wir erstaunt, wenn wir einen Brief lesen, der Schreiber offenbart etwas von sich, was wir vorher im Gespräch nicht wahrgenommen haben. Vielleicht ist es auch die Ruhe, mit der man sich in einen Brief vertiefen kann, vielleicht ist es auch die Handschrift, die den Charakter des Schreibers ausdrückt. Mit Briefen kann man andere beschenken und eine Brücke bauen, über die man, auch wenn man sich mehrere Jahre nicht sieht, in Verbindung bleibt und nicht fremd wird. Briefeschreiben ist eine Kunst, die man üben kann.

»Wie schaffst du es nur, daß alle deine Geburtstagsbriefe und -päckchen immer pünktlich sind, daß du nie einen in der großen Schar deiner Verwandten und Bekannten vergißt?« fragte ich neulich eine liebe Freundin. Sie verriet mir das Geheimnis. Einmal im Monat an einem ruhigen Nachmittag oder Abend nimmt sie sich den Geburtstagskalender mit allen wichtigen Eintragungen vor und schreibt an die Geburtstagskinder der nächsten Wochen. Der Briefumschlag mit Adresse und Briefmarke wird schon fertiggemacht, nur noch nicht zugeklebt, falls noch kurz vor dem Absenden eine Nachricht dazukommt. In einer Schatztruhe hat sie immer ein Sortiment von Geschenken, kostbare oder phantasievolle, nützliche für Haushalt oder Gartentisch, Ausgefallenes, was sich kaum einer selbst leisten würde. Die Überraschungen, die ihr damit gelingen, sind wunderbar und – wie erwähnt – immer pünktlich beim Empfänger. Auf der Geburtstagskarte steht nie nur ein Glückwunsch in Eile, sondern immer etwas Persönliches, Liebenswertes.

Die Welt der Bücher, die Welt der Briefe – sie sollen uns nicht absondern wie den Bücherwurm im Dachzimmer von Spitzwegs Gemälde, sie sollen uns die Welt mit ganz neuen Dimensionen erschließen. Als ich mich damals zu Schulzeiten für die Welt der Bücher entschied und die Menschen meiner Umgebung nur den zweiten Platz erhielten, wurde der Aufsatz zwar gut benotet, aber meine Deutschlehrerin, die unsere Klasse gerade neu übernommen hatte, holte mich besorgt zu sich, um mich nach den Gründen zu fragen. Ob mich die Menschen enttäuscht hätten, ob ich keine Freundinnen hätte, ob meine Eltern beide berufstätig wären. Sie hatte damit gerechnet, daß jede in unserem Alter sich für Personen entschieden hätte.

Bei mir war es damals eher der Reiz der Herausforderung gewesen, und liebe Menschen betrachtete ich eher als schöne Selbstverständlichkeit. Sie waren da: ich mußte mich nicht bemühen, sie zu finden: die große Familienrunde, die Sportkameraden, auf die ich mich verlassen konnte, die Klassengemeinschaft, mit der wir öfter mal den Aufstand an der Schule probten, weil sie uns zu konservativ und undemokratisch vorkam – und ein quicklebendiger Kreis von Freundinnen, mit denen ich alles Erfreuliche und Bedrückende bereden konnte, mit denen ich unvergeßliche Geburtstage feierte und Radtouren und Ruderpartien unternahm.

Ich hatte in dem Alter noch nicht erfahren, daß man allein sein kann in einer großen Menschenmenge, daß man fremd und allein sein kann, obwohl man mit vielen Menschen in einer Straße wohnt. Da gibt es Tagungen mit Tausenden von Menschen, die sich in großen Foren treffen, um zu diskutieren. Das Angebot von interessanten Themen ist groß, alle hetzen von Veranstaltung zu Veranstaltung. Da gibt es den »Meeting-Point« und den »Frauentreff«, alle tragen gut leserliche Namensschilder am Revers, Brüderlichkeit und Schwesterlichkeit steht auf allen Transparenten, und doch kann man in solchen Versammlungen allein sein und sich unbehelligt zwischen den anderen bewegen. Ich habe es ausprobiert, über mehrere Stunden sprach mich niemand an. Dabei war rundherum alles voller Herzlichkeit, Wiedersehensfreude nach Jahren, Erfahrungsaustausch von Gleichgesinnten, Familiengeschichten von Heirat, Geburt und Tod wurden erzählt, Ratschläge gegeben, wie man mit einer Trambahnkarte an möglichst viele Tagungsplätze kommt. Mich interessierte das alles nicht, überall kam ich mir fehl am Platze vor, ich störte nur die kleinen Cliquen und eingeweihten Kreise, die man bei großen Gesellschaften findet. Ich fragte auch eine Frau nach dem Weg, kurze Handbewegung in die Richtung, wohin ich gehen sollte, schon eilte sie weiter. Diese Erfahrung machte mich ganz betroffen. So abstoßend kann die Masse sein, wie eine gallertartige Speise, unter die man Früchte mischen möchte, sie bleiben am Rand oder obendrauf liegen.

Am Abend desselben Tages saß ich in einem Gesprächskreis, dichtgedrängt in einem provisorisch abgetrennten Raum. Eine völlig andere Situation, obwohl wir uns alle nicht kannten. Man stellte sich kurz vor mit Namen und Wohnort, eine bunte Mischung von jung und alt, die eine Gestalt aus dem Mittelalter zusammengeführt hatte: Hildegard von Bingen war das Thema. Die Referentin stellte in kurzen Ausführungen ihr Werk vor. Es ging um Theologie und unser Weltbild, um das, was den Menschen heilig macht. Wir erfuhren etwas von Naturheilkunde und der ganzheitlichen Sicht des Menschen. Es ging um Zivilcourage und um die Frau in der Kirche. In den Diskussionsbeiträgen erfuhr man etwas von den anderen, man redete sehr offen, es gab auch Streitpunkte, aber man kam sich näher, und nach anderthalb Stunden hatten wir das Gefühl, hier waren keine Fremden mehr im Raum, die Unterhaltung ging weit über den festgesetzten Rahmen. Es war spannend, es war schön. Das Thema hatte uns gemeinsam auf die Suche nach einem Standpunkt im heutigen Leben gebracht.

Zwei Erfahrungen an einem Tag, von einer Tagung. Masse kann anonym und unbarmherzig sein. Ist so das Erscheinungsbild unserer Gesellschaft? Ich sehe es immer vor mir, wenn ich an der S-Bahn-Station aussteige. Viele Menschen, Kopf an Kopf, drängen die Rolltreppen hinauf und herunter. Alle scheinen mit einem Ziel unterwegs zu sein: zur S-Bahn, zum Ausgang, zur Arbeit, nach Hause. Es sind wahrscheinlich sehr viele nette Leute darunter, mit denen man gerne ein paar Worte wechseln würde, aber sie eilen verschlossen aneinander vorbei. Bliebe einer zurück, weil ihm schwindlig würde in diesem Sog, er würde unbeachtet an den Rand gedrängt, zurückgelassen und die Wagentüren gingen, wie von eiskalter ferner Hand gesteuert, zu.

LEBENSGESCHICHTEN IN GESICHTERN

In einem Sommer, als ich so um die Zwanzig war, hatte ich eine seltsame Begegnung mit dem Alter. Ich war mit einer Freundin in Lausanne in der Schweiz zu einem Französischkurs. Wir hatten uns Studentenzimmer bei Familien gemietet, und weil in der Nähe ein Stift für alte Damen lag, wurden wir gefragt, ob wir nicht Lust hätten, sollten es unsere Vorlesungen erlauben, mittags mit den Damen zu speisen. Eine Abwechslung sei immer gefragt, wir sollten uns nur mit an die Mittagstafel setzen und uns ein bißchen mit ihnen unterhalten, natürlich auf französisch.

Das Stift war eine herrschaftliche Villa in einem großen Garten, der zum Abhang hin mit einer steinernen Brüstung endete. Von dort hatte man einen wunderschönen Blick über die Stadt und den Genfer See bis zu den Alpen. Einen schöneren Ruhesitz für das Alter konnte ich mir damals überhaupt nicht vorstellen. Das Mittagessen kostete uns nichts, und wir lernten die Schweizer Küche von ihrer besten Seite kennen. Alles war hausgemacht. Die dünne karamelisierte

Apfeltorte schmecke ich heute noch auf der Zunge. Wir waren vier Studentinnen und saßen verteilt im großen weißgedeckten Speisesaal. Dann gingen die Türen zu beiden Seiten auf, und herein kamen zwanzig weißhaarige betagte Frauen und begrüßten uns aufs freundlichste: »Les jeunes filles sont avec nous!« Zu deutsch: Die Mädchen sind endlich da! Mir erschienen sie alle graziös und zerbrechlich, bei 30 Grad Sommertemperatur mit weißen hochgeschlossenen Blusen, Perlenschmuck und Brillen an langen Ketten. Sie kamen mir vor, als wären sie aus einer längst vergangenen Epoche übriggeblieben.

Die Vorsteherin des Stifts saß am Kopfende des Tisches, stellte uns kurz vor, und dann brauchten wir gar nicht den Anfang der Konversation zu machen. Die alten Damen fragten uns munter und neugierig, woher wir kämen, warum wir in der Schweiz wären und wie lange. Unsere deutschen Namen versuchten sie ohne Akzent auszusprechen. Sie freuten sich, wenn wir sie lobten, daß es sich richtig anhörte. Weil bei älteren Leuten die Erinnerung an längst vergangene Zeiten die größere Bedeutung hat, erfuhren wir sehr viel aus ihrem Leben, Abenteuerliches und Tragisches. Sie sprachen vom Glück und von Schicksalsschlägen, die sie getroffen hatten. Jeden Mittag saßen wir neben einer anderen Tischnachbarin, und so mußten wir immer wieder von neuem erzählen, wer wir waren und ob man denn heute als Mädchen allein reisen dürfte.

Bei einem Mittagessen nannte mich meine Nachbarin »Catherine«, und obwohl ich sie korrigerte und meinen richtigen Namen nannte, blieb sie dabei und stellte mir eigentümliche Fragen auf englisch. Sie beschwor mich, nicht nachzugeben, denn er würde es mir nicht lohnen, er wäre ein Schurke. Verwirrt antwortete ich nur ganz zaghaft, aber es schien ihr gar nicht wichtig zu sein, was ich dazu sagte. Nach dem Essen fragte ich die Leiterin um Rat, sie konnte mir die Lösung des Rätsels geben. Madame las gerade einen englischen Roman, und da sie sich so damit beschäftigte, war ich jetzt für sie die Hauptdarstellerin »Catherine« geworden, und sie wollte mich eben vor dem unglücklichen Ende der Liebesaffäre warnen. Ich habe das Buch dann schnell gelesen, es hieß »Wuthering Heights« (Sturmhöhe) von Emily Brontë und war eine atemberaubende, leidenschaftliche Liebesgeschichte. Jetzt hätte ich mitreden können, aber leider kam sie nie mehr darauf zurück, mich »Catherine« zu nennen.

Eine alte Dame gefiel mir besonders gut, sie

hatte ein gebräuntes Gesicht mit hellen wachen Augen. Sie konnte wunderbar erzählen, ich war froh, wenn ich neben ihr sitzen konnte, und beobachtete ihre Lippen, die so munter französisch sprachen. Durch ihr Gesicht mit den vielen Lachfalten schien ihr junges Gesicht von damals durchzuleuchten. So kann man auch im Alter schön bleiben, dachte ich. Oder waren es ihre Lebensgeschichten, die mich so für sie einnahmen?

Sie war als zwanzigjähriges junges Mädchen aus gutem Hause ihrem geliebten Verlobten in die Fremde gefolgt, als er in der französischen Armee in Algerien dienen mußte. Ein Jahr lang hatte sie sich unter falschem Namen in Algier als Hausmädchen Geld zum Lebensunterhalt verdient. Die Nachforschungen ihrer Familie waren erfolglos geblieben. Als sie einundzwanzig war, heiratete sie ohne die Zustimmung ihrer Familie. Sie wurde enterbt und erst viele Jahre später, als sie drei Söhne hatte, wieder in ihre Familie aufgenommen. Sie hatte ihren jungen Offizier geheiratet und es nie bereut. Er ist General geworden, und in zwei Weltkriegen hat sie um ihn gezittert. Jetzt war es fünf Jahre her, daß er sich beim Ausreiten im Regen eine Lungenentzündung geholt hatte und gestorben war. Er war neunundachtzig Jahre alt geworden, ich überlegte einen Moment und sah in das Gesicht mit dem lebendigen Mienenspiel – dann mußte sie jetzt auch so alt sein. Sie sagte, die Liebe lebe nicht nur vom Zusammensein, sondern auch davon, ob man den Geliebten im Herzen habe. Sie habe ein sehr glückliches Leben geführt.

An einem Mittag kamen wir durch das Tor in den Garten und sahen ein großes Rosenbeet verwüstet, wie vom Hagel zerschlagen lagen die gelben und lachsroten Blüten entblättert auf dem Boden. Ein Platz im Speisesaal blieb an diesem Tag frei. Alle sahen nachdenklich auf ihre Teller, und flüsternd wurde eine Nachricht weitergegeben. Eine der alten Damen, Madame Marie Rose N., hatte in einem Wutanfall die Rosen mit ihrem Stock geköpft. Niemand hatte der zierlichen Person so viel Kraft zugetraut. Als die Hausangestellten herbeieilten, war die Zerstörung schon perfekt. Sie hatte sich ruhig auf ihr Zimmer bringen lassen, dort aber den Blick in den Spiegel nicht mehr ertragen, der Spiegel lag zerbrochen auf dem Boden. Das Symbol der Schönheit, die Rose, hatte sie wie Spott und Hohn empfunden.

Genauso wie wir sagen, jede Jahreszeit hat ihre Schönheiten und ihre Schattenseiten, können wir sagen, jedes Lebensalter zeigt im Gesicht des Menschen Schönheit oder auch Häßlichkeit. Es ist die Schönheit der Knospe, die Schönheit der entfalteten Blume, die Schönheit der reifen Frucht. Kurzsichtig bleiben wir bei der Schönheit der Jugend stehen und setzen alles daran, sie hinüberzuretten in jede weitere Altersstufe. Künstlich werden Puppengesichter geschminkt und Masken, die tarnen, anstatt das wahre Gesicht wirken zu lassen. Gepflegtes Aussehen ist das Unterstreichen des Natürlichen. Schönheit kommt von innen her. Was sich drinnen abspielt, spiegelt sich im Gesicht: ob die Geduld mit dem Zorn fertig wird, ob die Liebe die Mißgunst besiegt, ob der Hochmut oder die Demut regiert. Ob wir es schaffen, statt Zwietracht Eintracht zu begünstigen, ob der Geiz die Genügsamkeit bedrängt oder ob der Weltschmerz die Freude nicht mehr aufkommen läßt.

Hildegard von Bingen nennt es den Kampf der Tugenden mit den Lastern. Es gilt auch heute noch, den Kampf in uns fechten wir bis ins hohe Alter aus. Je besser wir unsere schwachen Stellen kennen, um so besser können wir mit ihnen umgehen und sie zum Positiven wenden.

NACHBARSCHAFTSHILFE ZWISCHEN JUNG UND ALT

Es hatte ganz spielerisch angefangen, die Jugendgruppe von 16jährigen Schülern und ihr Gruppenleiter Bardo saßen um den Tisch und berieten, wie sie am klügsten vorgehen könnten, um die vorgegebenen Quizfragen im Wettbewerb mit einer anderen Gruppe zu lösen. Unter der Überschrift »Kennst du deine Umgebung?« waren die Aufgaben aufgeführt. Erkläre mindestens drei Straßennamen, wer oder was sich dahinter verbirgt! Aus welcher Zeit stammen die Häuser, in welchem Baustil sind sie erbaut? Wie ist der Altersdurchschnitt der Hausbewohner? An dieser Frage überlegten sie am längsten herum. Zwar gingen alle Jungen jeden Tag durch dieselbe Straße der Innenstadt zur Schule, aber keiner konnte sich erinnern, wer oder wie viele Menschen hinter den Fassaden wohnten. Nur Büroräume oder Geschäfte? Nein, man sah zugezogene Gardinen, wie sie in Wohnzimmern hängen, und unten an den Türen waren mindestens fünf oder sechs Namensschilder mit Klingelknöpfen.

Um den Wettbewerb nicht zu verlieren, entschlossen sich die Jungen, bei den Bewohnern selbst zu fragen. Jeweils zwei verschwanden in einem Hausflur, und es verging fast eine Stunde, bis sie sich alle wieder im Gruppenraum der Schule trafen. Das Ergebnis war aufregend und veränderte das Gruppenleben total. Entweder es wurde ihnen gar nicht aufgemacht, woraus sie schlossen, daß der Bewohner zur Arbeit fort war, oder es hatten alte Damen und Herren geöffnet, die über siebzig, ja sogar achtzig waren. Für eine gebrechliche Frau, die am Stock ging, hatten die zwei Jungen gleich Medikamente in der Apotheke geholt. Einem Mann, der sich nicht mehr gut bücken konnte, hatten sie einen Schlüssel unter einem Schrank hervorgeholt, und eine Bewohnerin freute sich sehr darüber, daß die Jugend heute sich mit solch wißbegierigen Spielen beschäftigte. Sie bat darum, ob sie an einem anderen Nachmittag wiederkommen könnten, weil sie ihnen alte Fotos zeigen könnte, wie die Straße vor dem Krieg ausgesehen hätte und ihnen erzählen wollte, was hier alles passiert war.

Das Quizspiel wurde mit hoher Punktzahl gewonnen, aber es war bald vergessen. Was für lange Zeit für die jungen Menschen blieb, war ein intensiver Kontakt mit fünf älteren Menschen aus dieser Straße. Sie lernten ihre Lebensläufe kennen, sie staunten, was für Berufe sie ausgeübt hatten, sie hörten, was für Schicksale sie gemeistert hatten und wie lange sie schon die Schülerjahrgänge auf ihrem Weg durch ihre Straße beobachteten. Keiner von ihnen war mißmutig oder unzufrieden, das beeindruckte die Jungen am meisten, obwohl es mit dem Gehen und Sehen, mit dem Luftholen und Hören gar nicht mehr so gut ging. Die alten Türen in der Straße in der Innenstadt waren auf einmal nicht mehr verschlossen oder rätselhaft. Mehrmals in der Woche nahm einer der Jungen die Treppe mit schnellen Schritten, holte die Einkaufszettel oder Rezepte, brachte die Schuhe zu »Mister Minit« oder putzte die hohen Fenster, weil die Putzfrau, die schon dreißig Jahre half, auch nicht mehr auf die Leiter steigen wollte. Als dann der Winter kam, verabredete man sich hin und wieder zu einem Spielnachmittag. Die alten Menschen lernten sich durch die Jungen auch untereinander kennen, und wer in Canasta oder Backgammon gewann, das war nicht von vornherein klar.

Eines Tages mußten sich die Jungen von einem der alten Herren für immer verabschieden. Neben zwei betagten Freunden, dem Pfarrer und der Zugehfrau standen zehn junge Menschen mit Turnschuhen und langen Beatle-Mähnen am Grab, warfen ihre erste Schippe Erde einem

Toten nach und waren im Grunde glücklich, daß es für sie die Begegnung mit Wilhelm Jakob gegeben hatte. In seiner Wohnung hatte er fein säuberlich ihre Namen auf einen Briefbogen geschrieben und jedem eine Münze aus seiner Sammlung vermacht. Für die Normandiereise im Sommer hatte er ihnen noch alte Karten und Hinweise gegeben, denn dort war er als Soldat gewesen und hatte die Invasion miterlebt, voller Angst um sein Leben und das seiner Kameraden im Bunker und voller Hoffnung, daß dieser wahnsinnige Krieg bald zu Ende sei.

Was sind die umfangreichen, objektiv gefilterten Geschichtsbücher im Vergleich mit Zeitzeugenberichten von Menschen unseres Jahrhunderts, die zwei schreckliche Weltkriege, Zusammenbruch und Aufschwung selbst miterlebt haben. Wir sind immer froh, wenn uns alte Menschen begegnen und darüber reden können, wie schwierig die Gratwanderung zwischen Widerstand und Geschehenlassen, zwischen Verhaftetwerden und Anderen-helfen-Wollen war. Die heutigen Probleme sind daran gemessen leichter lösbar, sie können in Freiheit für oder wider einen Standpunkt gelöst werden. Wir merken, wie gut es uns geht, im Vergleich zu den scheinbar aussichtslosen Situationen, in denen Menschen der

20er, 30er, 40er Jahre all ihre Kräfte und Phantasie aktivierten, um einen neuen Anfang zu machen. Ich denke an einen hochbegabten jungen Rechtsanwalt, der auch jüdische Bürger verteidigt hatte. Er mußte bei Nacht und Nebel 1938 sich und seine Familie mit einem einzigen Koffer nach Norwegen retten und dort, ohne die Sprache zu verstehen, Arbeit suchen. Als Handelsreisender, mit einer Auswahl künstlicher Perlen, konnte er eine Zeitlang das Nötigste zum Leben verdienen. Dann stellte er ein englisch-deutsches Wörterbuch mit den wichtigsten Begriffen für den täglichen Umgang zusammen, tippte es auf einer geliehenen Schreibmaschine dreißigmal ab, heftete es zusammen und verkaufte es. Freunde aus England haben es schließlich nach dem Krieg für die britische Besatzung in Deutschland als Taschenbuch herausgegeben. Er blieb nicht in Norwegen, wo er inzwischen Fuß gefaßt hatte, er ging nicht nach England, wo man ihm gute Angebote machte, er kehrte 1946 in seine zerbombte Stadt in Deutschland zurück und fing noch mal von vorne an, sich eine Kanzlei aufzubauen. Seine Frau war kurz vor der Rückkehr in Norwegen gestorben.

Nachdem unsere Kinder diesen hochbetagten Mann mit seinem klaren Verstand, seinem ungebrochenen Lebensmut kennengelernt hatten, war die Diskussion um »No future« kein Thema mehr. Er zeigte ihnen sein Wörterbuch und seine Geige, die mit ausgewandert war. Lebendige Vorbilder, die nicht jammern, wie schwer sie es gehabt haben, sondern beispielhaft Mut machen, daß sich neue Anfänge lohnen, daß in der Not ungeahnte Kräfte im Menschen geweckt werden, daß das Leben nicht gradlinig bieder vorgeplant verlaufen muß, um glücklich zu sein. Man muß sich nur etwas abverlangen und nicht warten, bis es einem in den Schoß fällt. Lebenserfahrung ist keine überhebliche Besserwisserei, sondern eine Meßlatte für Gelungenes und Mißglücktes in guten und in schlechten Zeiten, an der sich die nächste Generation messen kann.

Manchmal sieht man – wie Abraham beim Weggehen der drei Freunde, die ihn abends besuchten – erst viel später ein, welchen außergewöhnlichen Menschen man begegnet ist. Ich suchte damals mit vier kleinen Kindern eine Ersatzoma, die mir mittags um 12 Uhr die Kinder vom Kindergarten abholte und sie sicher über zwei Straßen nach Hause brachte. Für mich war diese halbe Stunde so kostbar, weil das Baby gefüttert und das Mittagessen auf dem Herd beobachtet werden mußte.

Damals fuhr noch ein Milchwagen von Haus zu Haus, und der Milchfrau vertraute ich meinen Wunsch an. Am nächsten Tag hatte sie jemanden gefunden: Eine schmächtige grauhaarige Frau von 63 Jahren mit lustigen Augen stellte sich bei mir vor. Sie sprach so einen urwüchsigen Mainzer Dialekt, daß ich manches in unserem Gespräch nur erraten konnte, und als ich auf die Vergütung für ihre Hilfeleistung zu sprechen kam, schlug sie mir vor, ob sie nicht über Mittag bleiben und mir hinterher noch den Abwasch machen sollte, dann hätte ich doch den Nachmittag frei für die Kinder, sie wollte kein Geld.

Vorsichtig erklärte ich ihr, daß ich aber nur Kindermahlzeiten mit viel Gemüse und wenig Fleisch zu bieten hätte, weil mein Mann mittags nicht nach Hause komme. Ei, sie sei nicht wählerisch, bei ihr geb's montags Pellkartoffeln, dienstags Quetschkartoffeln, mittwochs Scheibenkartoffeln, donnerstags Röstkartoffeln von der Herdplatte, freitags gewürfelte Kartoffeln, und samstags tät sie einen Maggiwürfel dran. Ich hielt das erst für einen herrlichen Spaß und lachte laut mit ihr darüber. Im Laufe der Zeit verstand ich, daß es tatsächlich so war, sie lebte von einer ganz kleinen Rente. Ihr Mann war Maurer gewesen, und weil er der kommunistischen Partei angehörte, hatte eine Horde Nazis ihn vor dem Krieg hinterrücks, auf dem Feld vor dem Ort, erschossen. Das einzige, was ihr und ihrer zweijährigen Tochter damals gehörte, war ein kleines Haus mit drei Stuben aus dicken grauen Quadersteinen, das hatte ihr Mann ihnen gerade fertiggebaut gehabt, und sie hatte den Speis dazu gerührt. Später, als der Ort sich erweiterte und neben ihnen große dreigeschossige Häuser entstanden waren, wollte ein Karosseriebetrieb ihr zwanzigtausend Mark für Haus und Gartenhof geben. Sie kämpfte wie eine Löwin, als ein Bagger »aus Versehen« an ihrer Außenwand ansetzte, und sie konnte ihr Haus behalten und bekam sogar Schadenersatz von der Baufirma.

Zwei Jahre saß sie mit uns am Mittagstisch, immer fröhlich und dankbar, die Kinder schätzten sie wie einen Kumpan, mit dem man Pferde stehlen konnte. Wir hatten fast jeden Tag ein Stückchen Mainzer Fastnacht live zu Hause, die Sprüche, die Geschichten und die Spiele, die sie mit einfachsten Dingen mit den Kindern machte, waren herrlich. Sie war immer pünktlich, immer gewissenhaft, die Kinder hörten auf ihr Kommando, sonst mußten sie ihren harten knochigen Händedruck spüren. Ihre Lebensweisheiten waren realistisch, »eine Dame geht nie mit einer

Laufmasche aus dem Haus, lieber trägt sie gar keine Strümpfe«. Ich hatte gar nicht bemerkt, daß mir eine Laufmasche von der Ferse am Bein hinauflief. Sie war barfuß in ihren braunen Halbschuhen. Manchmal hielt ich die Luft an, da hatte unser Jüngster die Fleischwurst vom Metzger um den Hals gehängt, als sie im Gänsemarsch zur Tür hereinkamen. Ein anderes Mal sah ich sie im Garten, hoch oben im Kirschbaum, ohne Leiter. Die Kinder, noch mit Freunden drumherum versammelt, fingen die ersten roten Kirschen auf. Mir wurde schwarz vor Augen, hatte ich doch keine Unfallversicherung für unsere Ersatzoma abgeschlossen.

In einem Frühjahr hatte sie mir besonders viel geholfen. Die Windpocken hatten bei unseren Kindern die Runde gemacht, und ein Familienfest stand bevor. Ich gab ihr hundert Mark als Extra-Dankeschön. An einem Montag kam sie fröhlich trällernd ins Haus und sagte: »Raten Sie mal, wo ich war!« Wiesbaden, Dampferfahrt, Loreley – das hielt ich schon für ihre sonstige Unternehmungslust für das höchste. Nein, sie war mit einem Reiseunternehmen für 99 DM Samstag/Sonntag nach London geflogen, das war ihr größter Lebenswunsch gewesen, mit 65 Jahren einmal mit einem Bobby-Schutzmann den Verkehr regeln zu dürfen. Stolz zeigte sie mir ein Foto als Beweis, sie stand auf dem Platz des Piccadilly Circus, wo es Kreisverkehr in mehreren Bahnen gibt, und hatte neben einem riesenlangen Schutzmann den weißen Knüppel dirigierend in der Hand. Dem Fotografen aus ihrer Reisegruppe hatte sie dann die letzte Mark fürs Foto gegeben. So war sie mit meinen 100 Mark genau ausgekommen. Spaß muß sein, meinte sie dazu.

In der Achtung unserer Kinder stand sie nun auf einem besonderen Sockel. Leider mußten wir eines Tages von Mainz wegziehen. Beim Abschied drehte sie sich ganz schnell um und ging mit forschen Schritten weg: »Bei euch war's wie im Paradies . . .« Ich dachte, das war ein Engel, der sich von irdischen Kartoffeln ernähren mußte.

REISEGEFÄHRTEN UND GASTFREUNDSCHAFT

Eine Reise bringt uns mit anderen Menschen zusammen, von denen wir vorher nichts wußten. Eine Reise stellt uns immer wieder vor neue Situationen, mit denen wir fertig werden müssen. Es gibt ein Ziel, aber viele Wege, viele Stationen, viele Fahrkarten und viele Fahrpläne. Wir sind in unserem Leben unterwegs und müssen uns immer wieder entscheiden, wie wir das Ziel erreichen wollen.

Unsere Sprache fängt das in vielen Bildern ein: Wer den richtigen Pfad verläßt, gerät auf Abwege. Wer nicht mehr weiß, wie es weitergehen soll, sieht sich in einer Sackgasse. Wer sich zu sehr absondert, steht auf dem Abstellgleis. Wer nicht mithält, verpaßt den Anschluß. Verfolgt man die Wörter bis zu ihren Wurzeln, wird der ursprüngliche Sinn wieder deutlich, die Reisebegleitung hat verschiedene Namen. Der Geselle ist der, der sich im Saal der Herberge dazugesellt, der Gefährte ist der Fahrtgenosse, mit dem Kameraden teilt man die Kammer, mit dem Kumpan (compa-nio) teilt man das Brot, und heute sprechen wir häufig vom Lebensgefährten.

Reisen fördert die Gemeinschaft, das gemeinsame Erleben verbindet und ermöglicht Reisebekanntschaften.

Vergeßt nicht
Freunde
wir reisen gemeinsam
besteigen Berge
pflücken Himbeeren
lassen uns tragen
von den vier Winden
Vergesset nicht
es ist unsere
gemeinsame Welt
die ungeteilte
auch die geteilte
die uns aufblühen läßt
die uns vernichtet
diese zerrissene
ungeteilte Erde
auf der wir
gemeinsam reisen

Die deutsch-jüdische Dichterin Rose Ausländer beschwört in ihrem Gedicht, daß nicht nur das Reisen eine gemeinsame Sache ist, sie weist uns darauf hin, daß uns bewußt werden soll: »Es ist unsere gemeinsame Welt, auf der wir reisen.« Sie gehört nicht einem, nicht den Reichen, sie gehört auch den Armen. Sie gehört den Glücklichen und den Traurigen, sie gehört den Kindern wie den Eltern. Sie gehört nicht einer privilegierten Rasse, sie ist allen in Verantwortung gegeben. Wir können durch Reisen unseren kleinen Horizont weiten, aus unserer Enge herauskommen und helfen, daß Güter gerechter verteilt werden.

Vor zwei Jahren reiste ich mit einer Gruppe nach Israel, auf dem Frankfurter Flughafen kannte ich keinen von den fünfundzwanzig Mitreisenden. Es war eine Bildungsreise, die uns auch Anleitung geben sollte, wie man selbst eine Reisegruppe führen kann. Zunächst plädierte ich für ein Einzelzimmer, denn das Programm war reichhaltig, der Tag voller Eindrücke, und abends wollte ich gerne in Ruhe alles überdenken. Aus Versehen hatte man mir doch eine Zimmergenossin zugeordnet, und ich dachte bei mir: »Nimm es, wie es kommt, bei allen Bequemlichkeiten, die wir heute beim Reisen haben, ist das Teilen eines Zimmers eine wichtige Erfahrung von Pilgerfahrten.«

Meine Israelreise wäre nicht so beglückend gewesen, hätte ich diese Reisegefährtin nicht gehabt. Wir fanden soviel Gemeinsames, was uns interessierte, worüber wir abends sprechen konnten, daß wir das Doppelzimmer nicht einen Augenblick bereuten. Schon in der ersten Nacht zeigte sich, daß gemeinsames Überlegen erfinderisch macht. Es war Ende Januar, die Tage hatten frühsommerliche Temperaturen in Israel, aber nachts wurde es empfindlich kalt. Die Heizung in der Ferienwohnung im Kibbuz bestand aus einem geräuschvollen Ventilator, den man nur ein paar Minuten ertragen konnte. Uns klapperten die Zähne vor Kälte, die Bettdecke war dünn, und an Einschlafen war gar nicht zu denken. Schließlich kam uns die Idee: Wir schoben unsere Betten zusammen, legten die gewebte Sofadecke, die im Zimmer war, über uns, und packten dann alle größeren Kleidungsstücke aus unseren Koffern darauf. Ein Lodencape, zwei Anoraks, mehrere Frotteetücher, Pullover und Strickjacken. Es nützte wirklich, wir schliefen unter dem Kleiderberg warm bis zum Morgen. Um 7 Uhr warfen wir eine Münze hoch, wer von uns zuerst in das kalte Badezimmer mußte, die Zahl gewann und schenkte weitere 15 Minuten Wärme im Bett.

Am Tag mischten wir uns unter die Gruppe und abends auf unserem Zimmer tauschten wir unsere Beobachtungen und Eindrücke aus, verglichen die mitgebrachten Reisebücher und halfen dem Gedächtnis nach beim Eintragen der Reiseroute. Als wir einen Plan ausheckten, wie wir das immerwährende Reden einer Dame aus unserer Gruppe wenigstens während der erklärenden Vorträge unseres Reiseleiters stoppen könnten, wurde ich intensiv an längst vergangene Zeiten erinnert, als ich auf Klassenfahrten ging.

Von Reisebekanntschaften und den seltsamsten Umständen könnte ich ein weiteres Buch füllen. Einmal fuhr ich in einem Bummelzug aus dem Allgäu auf München zu. Der Zug hielt auf freier Strecke, weil das Signal auf Rot war. Plötzlich bemerkte ich, wie ein älterer Herr sich an der Tür zu schaffen machte, sie öffnete und hinunterstieg. Im selben Moment ruckte der Zug wieder an und begann sich langsam in Bewegung zu setzen. Ich stürzte an die Tür und zog mit allen meinen Kräften den um Hilfe Rufenden von der Trittbrettstufe ins Abteil. Nachdem wir uns von dem Schrecken erholt hatten und wir uns versicherten, daß es für uns beide hätte gefährlich werden können, drückte er mir immer wieder überwältigt die Hand und überreichte mir seine Visitenkarte. Bevor er auf der nächsten Station ordnungsgemäß ausstieg, hatte er meine Adresse notiert und mich herzlich eingeladen, ihn und seine Frau zu besuchen. Es ist jetzt fünf Jahre her, seitdem dies passierte. Ich besitze inzwischen fünf prachtvolle Kunstbildbände aus dem Allgäu, pünktlich abgeschickt am »Gedenktag der Rettung«. Weihnachten und Ostern kommen herzliche Grüße, wir telefonieren hin und wieder, und die Einladung nach Erding besteht noch immer.

Wer sich nicht selbst auf Reisen begibt, kann aber die Reisenden in seinem eigenen Land willkommen heißen. Gastfreundschaft, jemandem sein Dach zur Unterkunft, seinen Tisch zur Mahlzeit anbieten und sein Brot mit ihm teilen, das ist etwas Kostbares. Wie sehr freuen wir uns, wenn wir im Ausland sind und es lädt uns ein Einheimischer nach Hause ein, wie sehr bedanken wir uns, wenn wir nicht nur in unserer Reisegruppe oder in einem Touristenhotel bleiben müssen, sondern eine offene Tür finden. Wir erleben das Land dann von seinen Menschen her.

Immer wieder lesen wir in der Zeitung, daß die Stadt bittet, Unterkünfte für einzelne Personen von offiziell eingeladenen Reisegruppen zur Verfügung zu stellen. Bei diesen Bitten geht es nicht nur darum, Hotelkosten zu sparen, es geht um die Begegnung und das Kennenlernen von Lebensweisen und Gewohnheiten. Kein informativer Vortrag kann das ersetzen.

Wir haben dadurch viele Freunde in anderen Ländern gewonnen, wir haben dadurch aber auch in unserem eigenen Haus fröhliche und interessante Tage beschert bekommen.

Die Buntheit dieser Reisegefährten, die bei uns einkehrten, setzt sich zusammen aus französischen Schauspielern, die mit ihrem Tourneetheater Deutschland bereisten und Molière aufführten, bis zu amerikanischen Bürgern, die zum Jubiläumsjahr der Unabhängigkeit durch Europa fuhren und in historischen Kostümen bei Paraden und Veranstaltungen auftraten. Es kamen junge Menschen zum Schüleraustausch aus Zagreb, aus Toulon, aus der Normandie und aus Paris, die wir inzwischen wie hinzugewonnene Kinder zur Familie zählen.

An einem Septembertag hatten wir uns bereit erklärt, fünf Polen vom Flughafen Frankfurt abzuholen, sie durch Mainz zu führen, ihnen die Chagallfenster in der St.-Stephans-Kirche zu zeigen und sie dann an den Zug nach Freiburg zu bringen. Das Maximilian-Kolbe-Werk hatte sie nach Deutschland eingeladen, wir wußten nichts Näheres über sie, wußten noch nicht einmal, wie wir uns mit ihnen verständigen konnten. Ich hatte zu Hause einen kleinen Imbiß vorbereitet und einen Pflaumenkuchen mit Marzipan gebacken, weil wir dachten, das ist einladender, als in ein Restaurant zu gehen. Es wurde einer der eindrucksvollsten Nachmittage für mich und meine Familie.

Die fünf waren drei Damen und zwei Herren, sie sprachen exzellentes Deutsch, sie waren alle über siebzig Jahre alt, und wir erfuhren von ihnen, daß wir die ersten Deutschen waren, denen sie nach dem Krieg begegneten. Auf ihren Handgelenken erblickten wir die Registriernummer der KZs, sie waren im polnischen Widerstand gewesen, ihre Familien hatten schlimme Schicksale erlitten, hin und her gerissen zwischen Russen und Deutschen. Und nun bei uns in der Tischrunde mit unseren Kindern, ohne Vorwürfe, ohne Bitterkeit, nur von dem einen Wunsch erfüllt, daß so etwas Grauenvolles nie wieder passiert und daß Polen es schaffen würde, wieder zu Europa zu gehören. Sie waren von einer liebenswürdigen Höflichkeit, bedankten sich überglücklich, daß wir sie mit in unser Haus genommen hatten, und sprachen auch von der Angst, die in ihnen war, als sie auf dem Rollfeld landeten. Wir vergaßen unser Vorhaben, sie durch die Stadt zu führen, es gab so vieles zu erzählen und zu fragen, sie packten Geschenke aus ihren Koffern, und wir bedauerten, daß der Zug für sie schon um 18 Uhr abfuhr.

Ehe sie fortgingen, baten sie uns, ob sie einen Blick in die Zimmer unserer Kinder tun dürften. Oje, es war natürlich nicht mustergültig aufgeräumt am schulfreien Samstag. Aber was sie sehen wollten, sagten sie uns dann: »Gott sei Dank, es sieht genauso aus wie bei unseren Enkelkindern, dieselben Poster, dieselben Hobbys, dieselben Jeans. Der Eiserne Vorhang hat uns doch nicht so weit auseinandergebracht, wie die Machthaber gerne wollten, dann werden sie auf ein vereinigtes Europa mit Polen zugehen.«

Wir mußten mit ihnen auf diese Zukunft mit einem Schluck Wein anstoßen, es war uns, als hätten wir alte Freunde zu Besuch gehabt.

WAS BLEIBT

Wenn die Gedanken sich damit beschäftigen, was nach dem Tode sein wird, ob wir unsere Familien, unsere geliebten Menschen, unsere Freunde und die Kreise, in denen wir uns wohl fühlen, wiederfinden, mit ihnen auferstehen zu einem neuen Leben – dann suchen wir nach einer gesicherten Antwort. Die Bilder und Gleichnisse, die uns die Heilige Schrift gibt, wenn vom Himmel die Rede ist, künden alle eine fröhliche Gemeinschaft an: Das Himmelreich ist wie ein Festmahl, zu dem geladen wird, wie eine Hochzeit, es ist das Daheimsein, wo jeder seine Wohnung hat, es ist die himmlische Stadt, die uns versprochen wird, mit vielen Toren und vielen Häusern.

Die Stadt bedeutet hier ein intensives, ersehntes Dasein – im Gegensatz zum Ausgesetztsein in der Wüste, – ein geordnetes Geborgensein. Wasser aus Quellen, Schatten gegen die Hitze von Dächern und Bäumen und Tore, die weit offen stehen und jeden hineinlassen, der Schutz und Kühlung sucht.

Niemals wird ein Mensch in seinem Leben genug Liebe, Wahrheit, Freiheit, Schönheit, Güte und Freude gefunden und gegeben haben. Es gibt immer eine Sehnsucht nach einem »neuen« Morgen. Der Mensch gibt sich mit keiner endlichen Grenze zufrieden. Hier liegt die stärkste Triebfeder für alles Leben und jeden Fortschritt: Wir leben auf ein letztgültiges, neues ewiges Leben hin, die Gemeinschaft der Heiligen.

»Was werden wir sein in hundert Jahren? Der Erde vermählt und Gott anvertraut, zwei Hände voll zärtlichen Staub?« fragt die österreichische Dichterin Christine Busta in einem Gedicht.

Das, was von uns bleibt, ist das, was wir anderen waren, Licht und Wärme, Rat und Trost, Verläßlichkeit und Offenheit.

DIE AUTORIN

Geboren am 4. Juni 1938 in Ottmachau/Schlesien.

Studium der Germanistik, Kunstgeschichte und Philosophie.

Verlagstätigkeit in Freiburg und Mainz, Lehrauftrag am Bischöflichen Seminar für Religionspädagogik in Mainz.

Mitarbeit bei verschiedenen Zeitschriften.

Waltraud Boelte ist Mutter von vier Kindern und lebt als Redakteurin und freie Autorin in Sindelfingen.

WEITERE TITEL AUS DER EDITION JOHANNES KUHN

Tobias Brocher
ALLEIN – ABER NICHT EINSAM

Hermann Freudenberger
FREUNDSCHAFTEN SIND WIE GÄRTEN

Johannes Kuhn
ERINNERUNGEN SIND WIE EINE SCHATZTRUHE

Johannes Kuhn
ZEIT BRINGT ROSEN

Christian Lauritzen
EHE IN REIFEN JAHREN

Hermann Portheine
DAS HERZ – UNSERE LEBENSMITTE